A Linha da Bola

A Linha da Bola

**Tudo o que as mulheres precisam saber sobre futebol
e os homens nunca souberam explicar!**

Clara Albuquerque

GRYPHUS

Produção Editorial
Gisela Zincone

Editoração Eletrônica
Rejane Megale Figueiredo

Revisão
Lara Alves dos Santos Ferreira de Souza

Capa
Neri Molinero

Conceito e Ilustrações
Elaine Moreira Souza

CIP-Brasil. Catalogação-na-fonte.
Sindicato Nacional dos Editores de Livros.

L697L

Albuquerque, Clara, 1983-
A linha da bola : tudo o que as mulheres precisam saber sobre futebol e os homens nunca souberam explicar.
/ Clara Albuquerque. – Rio de Janeiro : Gryphus, 2007.
il.;

ISBN 978-85-60610-06-8

1. Futebol. 2. Futebol feminino. I. Título.

07-4067 CDD: 796.334
CDU: 796.332

26.10.07 26.10.07 004065

GRYPHUS EDITORA
Av. Erasmo Braga, 299 – 7° andar – 20020-000
Rio de Janeiro – RJ – Tel.: (0XX21) 2533-2508 – Fax: (0XX21) 3380-6667
www.gryphus.com.br – e-mail: gryphus@gryphus.com.br

Sumário

Aos meus maiores torcedores, dentro e fora de campo, Helena, Gardel, Pablo e Vítor e à galera da geral!

Prefácio

Futebol. Uma paixão? Uma religião? Um caos? Um grande amor? Um(a) amante? Um caminho? Um emprego? Um esporte? Ele pode ser tudo isso ao mesmo tempo. Ou nada disso pra quem, apenas, enxerga um monte de gente correndo atrás da bola. Com um cara insuportável que pára o jogo sempre quando o bicho pega. Na hora da pancadaria, ou então quando o cara vai botar a bola lá na rede! Pra quem vê e não entende os códigos que estão em campo, tá na hora de experimentar a maior de todas as emoções. Não precisa ter vergonha. Basta assumir: não entendo! O seu mundo vai mudar.

Se a palavra impedimento deixa você assustada, não se preocupe. Não é a pior.

Futebol. É uma escola de emoções. Em que outro momento você pode sair de uma depressão em questão de segundos? Por outro lado, você também pode entrar numa depressão assustadora. Mas não tenha medo. Porque sempre haverá a próxima rodada, o próximo jogo, uma segunda chance.

Futebol. No campo, no estádio, na arquibancada, no universo da bola tudo é possível. Uma espécie de "Terra do Nunca" do Peter Pan, sabe? Não há jogo perdido. A melhor estatística não ganha troféu. As diferenças vão para escanteio. Sexo, raça, cor, nível social. Esquece tudo isso.

Futebol. É a democracia de chuteiras. A vida passando em 90 minutos com todas as suas tragédias e esperanças.

Chega de papo. Por que *A Linha da Bola*? Por que você precisa ler esse livro? Porque ele é divertido. Aliás, divertidíssimo. Desbravador, esclarecedor e muito informativo. Um guia fácil pra quem trabalha com futebol. Uma viagem no tempo para os entendidos. E um pretinho básico pra quem quer descobrir esse esporte. Não perca *A Linha da Bola*! Pode começar agora!

Glenda Kozlowski

Apresentação

Em tempos de ditadura da magreza é difícil aceitar que uma gorduchinha seja o centro das atenções masculinas. Para quem vê o futebol como um inimigo, essa é a oportunidade de fazer dele um aliado.

Os homens crescem com uma cultura peculiar desse esporte; a grande maioria não tem a opção de escolha, já nasce com o escudo de um clube estampado no babador. Desde pequenos vivem as emoções de uma equipe imposta pelo pai ou por um familiar mais fanático. Acabam gostando, e muito! Do jardim de infância ao campinho do bairro, há uma disputa particular para ver quem sabe mais sobre esse assunto. Todos são um pouco técnicos e craques. Se fosse possível entrar em campo, então seria a glória!!

Mas já tem tempo que esse mundinho não é exclusivo dos homens. Sempre que vou a um estádio, fico feliz com o crescente número de mulheres presentes, algumas perceberam que é o lugar ideal para encontrá-los e há aquelas que também se apaixonaram pelo esporte e acompanham seus pares. Outras decidiram entrar em campo e fazer bonito. E quando a mulher resolve investir, vira a melhor do mundo.

A Linha da Bola é uma obra aparentemente despretensiosa, pois, através de uma linguagem de fácil entendimento, desmascara um concorrente de peso das mulheres, o futebol.

Nessa primeira publicação, a autora Clara Albuquerque, com muito bom humor, detalha as regras, conta um pouco da história, apresenta os principais ídolos, times e campeonatos, aproximando a leitora desse esporte que é uma paixão nacional.

Com uma linguagem bem familiar às mulheres e exemplos muito criativos, Clara mostra que o futebol não é esse bicho-de-sete-cabeças que boa parte delas imagina. E já que é um assunto que domina as rodas masculinas, seria prudente que as mulheres não ficassem por fora.

Os leitores menos familiarizados com o esporte e sua linguagem própria, conhecida como Futebolês, vão encontrar explicações para dúvidas comuns. Sim, você finalmente vai entender o que é o tal do impedimento. Isso porque, assim como organizamos as roupas no armário para usá-las de acordo com a ocasião e a necessidade, Clara apresenta cada assunto em três níveis de profundidade: Pretinho Básico, Esporte Fino e Passeio Completo.

Com as dicas do Pretinho Básico você não vai mais passar vergonha, porque elas tratam da essência do esporte.

O Esporte Fino é para causar boa impressão; nessa parte, o assunto é um pouco mais detalhado, e mulher adora um detalhezinho!!

Mas se você quer fazer um estilo mais extravagante, então vá direto ao Passeio Completo e arrase com detalhes, informações e curiosidades que surpreenderão os técnicos de plantão.

Tenho certeza de que você vai ser fisgada por essa paixão que nunca envelhece e só se dará conta quando estiver gritando pela entrada de um jogador em campo ou desesperada com um gol perdido.

Escolha o seu salto mais alto e vamos contra-atacar!

Vanessa Riche

Capítulo 1

Guia do guia

Este guia tem a grande pretensão de aproximar a pátria de chuteiras da pátria do salto alto. Os assuntos foram divididos numa seqüência mais ou menos lógica; digo mais ou menos porque, reza a lenda, não há lógica no futebol. Também receberam o tratamento parecido com o que damos em nossos armários, separando as roupas de acordo com a exigência da ocasião.

- **Pretinho básico:** com ele ninguém passa vergonha, e garante boa participação em qualquer evento. São as informações básicas e iniciais sobre cada tema. Essas você precisa saber de qualquer forma!
- **Esporte fino:** para aquelas ocasiões que exigem uma apresentação mais requintada, em que precisamos causar uma boa impressão. São informações mais detalhadas, para quem quer saber um pouco mais, ou seja, já está contaminada pelo vício...
- **Passeio completo**: é o pacote completo, informações e curiosidades para desfilar em grande estilo nas passarelas do futebol.

Você pode ler o guia do início para o fim, do meio para o início, do fim para o meio, em qualquer ordem. Ir de pretinho básico e voltar com esporte fino, ou vice-versa, ou heroicamente fazer todo o percurso com passeio completo.

Capítulo 2

Era uma vez uma princesa, um rei e vários príncipes, ou a história do futebol

Nossa história tem uma princesa, um rei e vários príncipes. A princesa é um pouco gordinha, mas parece conhecer a fonte da eterna juventude, pois está cada dia mais disputada. O rei é brasileiro, reverenciado por todo o planeta e com um nome simples: Pelé. Os vários príncipes se revezam ao longo da história na preferência da nossa caprichosa princesa chamada "Bola".

Pretinho Básico

A história começa há cerca de três mil anos, mas foram os ingleses, lá pelo ano de 1863, que unificaram as regras e deram o pontapé inicial para o nascimento do chamado futebol moderno.

Como o futebol chegou ao Brasil é motivo de muita conversa, mas em uma coisa todos concordam: ele já chegou moderno em nosso país. Quer dizer, o futebol chegou moderno porque as roupinhas que eles usavam para jogar eram do tempo da carochinha.

Ao que parece, Charles Miller, que, apesar do nome, era brasileiro, foi realmente o principal responsável, ou culpado, pela chegada do futebol ao Brasil. Como a maioria dos bons partidos da época, ele foi estudar na Inglaterra e, em 1894, retornando de seus estudos, trouxe na bagagem duas bolas, uniformes e as regras básicas do novo jogo. Começou divulgando para os colegas de críquete, o esporte dos bem-nascidos naquela época, do São Paulo Athletic Club, e de pouco em pouco o futebol virou a paixão nacional.

Esporte Fino

Por mais incrível que seja, e poucos sabem disso, coube a uma outra princesa autorizar o que parece ter sido a primeira partida de futebol no Brasil. Dezesseis anos antes de Charles Miller introduzir o futebol no país, a primeira "pelada" (partida) de rua já havia sido disputada no Rio de Janeiro. Em 1878, marinheiros britânicos conseguiram autorização da princesa Isabel (sim, uma mulher) para realizar uma partida de futebol em frente à sua residência. Com a sutileza da pena, a princesa Isabel foi a responsável por duas grandes redenções em nosso país: aboliu a escravidão e autorizou a primeira partida de futebol.

Oficialmente, o primeiro jogo realizado por times brasileiros no Brasil foi entre o São Paulo Railway e os Funcionários da Companhia de Gás, em 1895. O São Paulo Railway, time de Charles Miller, venceu por 4 a 2. Além de bom partido, Charles Miller foi também o nosso primeiro príncipe na disputa pela caprichosa princesa "Bola".

Passeio Completo

Apesar da tão divulgada versão do "nascimento" do futebol com os ingleses, há pelo menos 3 mil anos os chineses já praticavam jogos com os pés. Como o jogo era chamado de *tsu-chu*, que significa "golpear a bola com os pés", deve ser esta a origem do mau futebol que jogam até hoje, mesmo depois de todo este tempo. Os chineses nunca foram um exemplo de como se deve tratar as mulheres, muito menos uma princesa.

Os japoneses praticavam *kemari*, uma variação do *tsu-chu* chinês, e parece que também não andavam se dando muito bem com a nossa princesa. A situação mudou um pouquinho, principalmente com o esforço e a dedicação do príncipe brasileiro Zico que, por mais de dez anos, ensinou futebol por aquelas bandas.

Os gregos também tinham sua versão chamada *epyskiros*, assim como os romanos, que praticavam algo semelhante ao futebol com o nome de *harpastum*. E foi com esse algo semelhante a futebol que eles eliminaram o Brasil da Copa de 82. Devemos reconhecer que os italianos sempre demonstraram algum talento no trato com as princesas.

Bola vai, bola vem (e algumas vezes as cabeças dos inimigos), esses jogos similares ao futebol na Antigüidade e na Idade Média foram evoluindo, misturando-se até que chegaram ao futebol que conhecemos hoje. Coube à Inglaterra, com todo seu apego a reis, príncipes e princesas, a organização do jogo, e parece que a nós brasileiros a sua desorganização fora de campo.

Nas primeiras décadas, o futebol no Brasil era bastante elitista. No campo, só participavam os herdeiros das famílias tradicionais, doutores e empresários. Na platéia, os homens estavam sempre de terno, ao contrário de hoje em dia, que acham que de bermuda e chinelo estão bem arrumados. As mulheres, bem presentes naquela época (não sabemos se pela qualidade do futebol ou dos bons partidos na platéia e no campo), usavam vestidos elegantérrimos e sombrinhas para se proteger do sol e eventualmente de alguma bolada.

Mas o futebol não poderia ficar muito tempo guardado pela elite e espontaneamente transbordou por todo o país. Qualquer espaço vazio virava campo e qualquer coisa poderia ser usada para marcar as traves ou servir como bola.

O futebol parece ter se adequado perfeitamente à cultura do nosso povo, e a princesa caprichosa começou a demonstrar cada vez mais sua preferência por nossos príncipes, ricos apenas de talento. O futebol permitiu a vivência de uma série de situações e emoções típicas do brasileiro e se transformou em um dos símbolos da nossa nacionalidade.

Na década de 30, o futebol começou a se consolidar como um esporte de massa no Brasil. Os clubes, até então extremamente elitistas e racistas (até então?), começaram a admitir negros e operários em suas equipes.

Data dessa época também o início do processo de profissionalização dos clubes, caracterizando, portanto, o mais longo processo de profissionalização de que se tem notícia, uma vez que até hoje muitos clubes ainda não conseguiram entender o que isto quer dizer exatamente.

As vitórias da seleção brasileira, principalmente nas Copas de 1958, 1962 e 1970, fizeram com que o futebol se tornasse definitivamente o esporte mais presente na vida dos brasileiros e das brasileiras, mesmo daquelas que imaginavam não fazer parte da legião de 180 milhões de técnicos de futebol que moram no Brasil.

Em algum ponto da história, a princesa Bola deve ter tido uma crise de ciúmes, exigindo cada vez mais a atenção exclusiva dos príncipes e aos poucos as mulheres foram sendo excluídas e até mesmo associadas a algo incompatível com esse esporte. Felizmente, a partir da década de 80, a princesa Bola acalmou seu temperamento e passou a dividir seu espaço com as novas princesas do futebol feminino.

Capítulo 3

"A regra é clara", e algumas são até bem fáceis de entender

O futebol parece ter milhões de regras e, a princípio, quem não conhece o jogo pode acreditar nisso, mas não é bem assim. O futebol tem apenas 17 regras, algumas são bastante simples e outras precisam de um pouco mais de atenção. Uma especificamente exige muita atenção, mas nada que alguém capaz de ser boa esposa, excelente mãe e profissional respeitada (não necessariamente nesta ordem) não consiga superar.

Na verdade, se alguém é capaz de distinguir um time do outro, e souber que a equipe que marcar o maior número de gols vence o jogo, já pode curtir uma partida de futebol. Corre alguns riscos, como comemorar gol irregular, achar que tem um cara de preto atrapalhando quem quer jogar em paz, coisas pequenas que não comprometem a emoção do jogo.

Pretinho Básico

Onde é que se joga?
(Regra 1: O campo do jogo e suas linhas)

O campo do jogo é retangular, marcado por linhas brancas visíveis sobre o gramado. O comprimento pode variar entre 90 e 120 metros e a largura vai de 45 a 90 metros.

As duas linhas maiores do retângulo se chamam *linhas laterais*, as duas menores se chamam *linhas de meta* ou *linhas de fundo*.

O retângulo, ou campo, é separado em duas partes iguais por uma linha e o centro do campo deve estar marcado por um ponto na metade desta linha. Ao redor deste ponto, um pequeno círculo indica onde o jogo sempre começa.

O campo ainda é dividido em áreas em ambos os extremos. O retângulo menor se chama *pequena área* ou *área de meta*, e o retângulo maior ao redor do gol é a *grande área* ou *área penal*.

O gol fica no centro da linha de fundo, formado por duas traves verticais de 2,44 metros e um travessão de 7,32 metros.

Nos cantos do campo são colocados postes, com no mínimo 1,5 metros de altura, com uma bandeirinha na ponta. Ao redor deste poste, na parte interior do campo, é traçado um quarto de círculo com raio de 1 metro.

Complicou? Olha a figura:

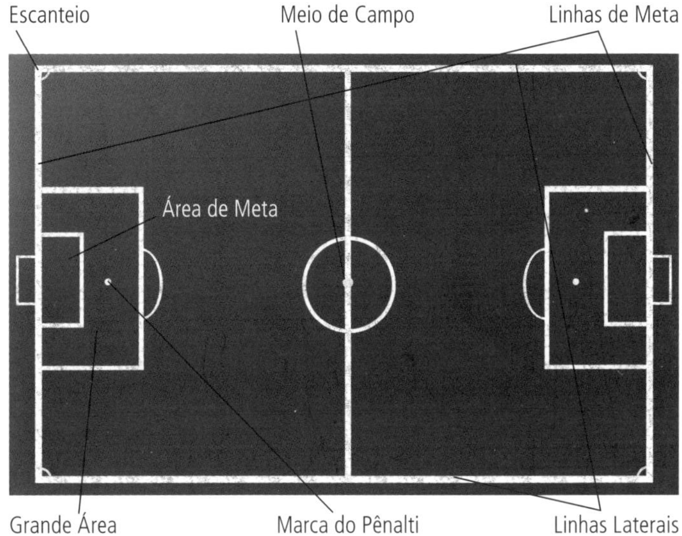

Serve qualquer bola?
(Regra 2: A bola)

Apesar de "bola", a dita cuja tem no máximo 70 cm de cinturinha e não pesa nem meio quilo! Você não precisa saber essas medidas, a grande maioria, até mesmo os fanáticos por futebol, não sabe. De pirraça, pode perguntar e depois tripudiar, informando que a bola oficial no padrão internacional tem: circunferência entre 68cm e 70cm; peso entre 410g e 450g, no começo da partida; pressão equivalente a 0,6-1,1 atmosferas (600-1.100g/cm^2) ao nível do mar.

Quantos têm em cada time?
(Regra 3: O número de jogadores)

Cada time tem 11 jogadores, sendo que um deles é o goleiro, o único que pode pegar a bola com a mão. Em competições oficiais poderão ser substituídos no máximo três jogadores de cada time durante um jogo, daí a importância de um técnico saber fazer as substituições certas (o que dificilmente acontece, segundo a torcida). Não é que nem roupa antes de festa, que se pode experimentar, e se não gostar trocar por outra e por outra até ficar satisfeita, ou não ficar nunca...

Se um jogador é expulso de campo (veja por que na regra 12), não poderá ser substituído e a equipe ficará com um número menor de jogadores. Se rolar muita confusão e muitos jogadores forem expulsos, a partida não deve continuar se tiver menos de sete jogadores em uma das equipes.

Com que roupa?
(Regra 4: O equipamento dos atletas)

Só o básico: camisa, calções, meias, caneleiras e calçado. Nada de jóias, ou qualquer adereço ou objeto que seja perigoso para eles ou para os demais. Fica difícil de entender como pode ser perigoso usar jóias, mas tudo bem.

Os uniformes também seguem as tendências da moda. Lá pelos primórdios, em 1905, era bermudinha, camisa justinha, faixa na cintura (acredite), boina e, pasme, chuteira bico fino!

Nas décadas de 20 e 30, as bermudas viraram calções e a faixa sumiu, mas alguns times ainda usavam o cinto.

Nos anos 60 e 70, os calções ficaram mais curtos e sumiram definitivamente os cintos. Nos anos 80, os calções ficaram ainda mais curtos e apertados e as camisas coladas.

A partir da década de 90, os uniformes ganharam um corte mais apropriado para a prática do futebol, que é mantido até hoje com pequenas variações.

Os meiões atravessaram impávidos e horrorosos todos estes anos! Se você nunca reparou neles, veja se consegue a gravação do jogo Brasil e França pela Copa do Mundo de 2006. Preste atenção nos segundos anteriores ao gol da França e será impossível discordar que eles são horrorosos.

O goleiro (sortudo) é o único que pode, ou melhor, tem de estar vestido com cores que o diferenciem dos demais jogadores, do árbitro e dos árbitros assistentes. Até a década de 70 os goleiros abusavam da cor preta; Leão, goleiro da Seleção Brasileira, foi um dos primeiros a usar uniformes coloridos.

Quem é aquele de preto?
(Regra 5: O árbitro)

É o único ponto de concordância entre duas torcidas: o árbitro sempre erra!!!

Chega daquela história de perguntar quem é aquele homem de preto correndo pelo campo! Toda partida é controlada por um árbitro, o homem de preto, que tem autonomia total para fazer cumprir as regras do jogo. Por exemplo, é ele quem confere se as exigências para a partida estão sendo cumpridas, quem atua como cronometrista, interrompe, suspende ou finaliza uma partida se julgar oportuno, entre outras coisas.

Além de homem de preto, o árbitro poderá também ser chamado de homem de amarelo, vermelho ou azul (ou de coisas bem piores pela torcida), já que outras cores também são permitidas, desde que não se confundam com as cores dos uniformes dos jogadores em campo.

O homem de preto (ops) o árbitro, faz tudo isso sozinho?
(Regra 6: Os árbitros assistentes ou bandeirinhas)

O árbitro tem a ajuda dos árbitros assistentes, que algumas vezes atrapalham. São aquelas duas figuras na lateral do campo, com uma bandeirinha na mão e que, de tanto segurarem a dita cuja, são chamados de bandeirinhas. A principal tarefa dos bandeirinhas é indicar se o jogador está em condição legal de fazer o gol. Sempre que levanta o braço com a "xará" na mão, significa que o jogador está impedido de fazer o gol. Mas esta história de "está impedido" vamos ver na regra 11, mais adiante. Quando necessário, o árbitro também pode pedir ajuda do quarto árbitro.

Demora muito para acabar?
(Regra 7: Duração da partida)

Aquela eternidade que você espera passar ansiosamente para ir ao cinema, tomar sorvete ou coisa parecida, tem dois tempos de 45 minutos e um intervalo de no máximo 15 minutos. No final de cada tempo, o árbitro pode prolongar o jogo e a sua espera, para recuperar o tempo perdido por substituições, contusões de jogadores ou qualquer outro motivo. Na maioria das vezes, os acréscimos são entre 2 e 4 minutos.

Como é que começa? E se parar?
(Regra 8: O início e o reinício do jogo)

Antes do início do jogo, o juiz chama o capitão de cada time para disputar um jogo de cara ou coroa. O capitão é uma espécie de líder do time; ele sempre tem uma faixa na manga da camisa para ser identificado. O vencedor do cara ou coroa escolhe o lado do campo e o perdedor fica com a bola para iniciar o primeiro tempo do jogo. No segundo tempo inverte tudo.

Para começar o jogo, cada time fica em seu campo e quem dá o pontapé inicial não pode chutar direto para o gol adversário; se ele chutar e a bola entrar direto no gol, sem tocar em ninguém, não vale, pra deixar de ser apressado!

Quando é marcado um gol, volta tudo para a posição inicial, só que a bola é de quem sofreu o gol, uma espécie de consolação.

Quando acontece alguma coisa estranha no jogo, tipo entrar um inglês pelado correndo pelo campo, o juiz interrompe e dá bola-ao-chão, que significa deixar a bola cair no lugar em que ela estava quando a partida foi interrompida e quem tiver unha maior que suba na parede...

E se a bola sumir?

(Regra 9: A bola em jogo ou fora de jogo)

Se a bola está em campo, está em jogo, se está fora de campo, está fora de jogo. Parece até brincadeira, de tão óbvio, mas não é bem assim; os homens normalmente tão objetivos, quando se trata de futebol, costumam abusar da criatividade e estabelecer alguns detalhes para incrementar as discussões pós-jogo; vamos a estes detalhes.

A bola estará fora de jogo quando tiver ultrapassado completamente as linhas externas (laterais ou de meta) do campo, seja por terra ou por ar, e quando o jogo tiver sido interrompido pelo árbitro. A bola estará em jogo em todos os outros momentos, inclusive quando rebater nas traves, no travessão, nas bandeiras de canto do campo e até mesmo quando rebater no árbitro ou em seus assistentes.

Qual é a graça?

(Regra 10: O gol)

O gol é o objetivo do jogo!! Para ser gol, a bola tem de ultrapassar totalmente a linha de meta entre as traves e por baixo do travessão. Mas, atenção, para o gol valer, nenhum jogador do mesmo time do felizardo que chutou a bola em gol pode ter cometido falta antes do chute.

Talvez seja bom lembrar que não vale gol feito com a mão, e que braço e mão no futebol são a mesma coisa. Se achar isto muito óbvio, saiba que o melhor jogador da Argentina e um certo árbitro de futebol não acharam. Na Copa de 86, Maradona fez um gol com a mão e a Argentina venceu o jogo, continuou na Copa e foi campeã naquele mundial.

O time que fizer mais gols ganha o jogo, e se os dois marcarem o mesmo número de gols é empate. Detalhes que nem precisaria explicar, mas, na dúvida, estão registrados.

Esporte Fino

Por que às vezes eles param, fazem pose e só depois chutam a bola?

(Regra 13: Os tiros livres)

As regras 11 e 12 não foram revogadas, serão explicadas após a 13, para facilitar o entendimento das duas. A regra 11, por merecer mais atenção, está lá no passeio completo.

O nome é tiro livre, mas deveria mesmo é ser chute livre. O tiro fica por conta do espírito bélico dos homens, mas o livre faz sentido.

Os tiros livres são cobrados após as marcações de faltas ou de condutas antiesportivas (regra 12) e podem ser diretos ou indiretos. Nos dois casos a bola deverá estar imóvel quando chutada pelo jogador, e este não poderá voltar a tocar a bola antes que ela tenha tocado em outro jogador.

A diferença entre eles é que apenas o tiro livre direto, como o nome já indica, pode ser chutado diretamente para o gol, enquanto o tiro livre indireto não. Ou seja, se a bola em um tiro livre indireto é chutada diretamente para o gol e entra, sem tocar em nenhum jogador, o gol não é válido.

Vale tudo para fazer o gol?

(Regra 12: Faltas e condutas antiesportivas)

Esta regra é uma espécie de manual de etiqueta para os jogadores dentro de campo. Estabelece o que se pode e o que não se pode fazer e o castigo para quem não se comporta direitinho. Os deslizes dentro do campo são chamados de faltas ou condutas antiesportivas e recebem dois tipos de penalizações: tiros livres diretos e tiros livres indiretos, cobrados no local onde ocorreu a falta, concedidos ao time adversário do jogador que cometeu o "pecado". Vamos a eles.

Tiro livre direto

- Tentar dar ou dar um pontapé ou rasteira no adversário;
- Agredir ou tentar agredir o adversário;
- Empurrar e/ou agarrar o adversário etc.;
- Também é considerado falta tocar a bola com as mãos deliberadamente (com exceção do goleiro, obviamente).

Pasme: aquela mania horrorosa de cuspir dentro de campo não é falta nem conduta antiesportiva, a não ser que o porcalhão tenha outro jogador como alvo...

Tiro livre indireto:

- Quando o goleiro, dentro da sua área penal, retiver a bola em suas mãos por mais de 6 segundos ou;
- Quando voltar a tocar a bola com as mãos depois de havê-la posto em jogo sem que qualquer outro jogador a tenha tocado ou;
- Quando tocar a bola com as mãos depois que um jogador da sua equipe a tenha cedido com o pé ou diretamente de um arremesso lateral ou;
- Quando perder tempo, ou o famoso "fazer cera".

Também será concedido o tiro livre indireto se na opinião do árbitro um jogador agir de forma perigosa, obstruir o avanço de um adversário, impedir que o goleiro possa jogar a bola com as mãos ou cometer qualquer outra falta que não tenha sido mencionada na regra.

A aversão dos homens pelo "cartão" deve ter sido a fonte de inspiração para a criação da forma de advertir os jogadores dentro de campo quando cometem faltas mais graves. Veja só, um cartão amarelo é o primeiro aviso de má conduta; o cartão vermelho significa a expulsão do jogador de campo (similar ao que deveríamos fazer quando o saldo do nosso cartão está vermelho: fora do shopping), por ter cometido uma falta muito grave como, por exemplo, cuspir em um adversário, impedir intencionalmente com a mão uma oportunidade de gol (logicamente não vale para o goleiro dentro da área), conduta violenta etc., ou receber dois cartões amarelos.

Na verdade, os cartões começaram a ser utilizados a partir da Copa de 70, para facilitar a comunicação dentro de campo, depois que um argentino (por que será?) não entendeu que estava expulso da partida.

E se a falta for pertinho do gol?

(Regra 14: O tiro penal)

Lembra da regra 1? Ela define a grande área, ou área penal. Agora, você vai saber o porquê do nome "área penal", ou melhor, pelo nome já desconfia: é nesta área que o juiz marca o pênalti, se o jogador faz alguma loucura (falta) para evitar que o adversário faça o gol.

O árbitro apita e aponta a marca do pênalti, as duas torcidas cruzam os dedos, a bola é colocada naquele pequeno círculo branco em frente ao gol e um jogador da equipe que sofreu a falta chuta para o gol. O goleiro deve permanecer sobre sua linha de gol; a regra permite que fique pulando de um lado para outro, sempre sobre a linha, até que a bola seja chutada.

Os outros jogadores, dos dois times, devem ficar fora da área penal e, em geral, ficam todos parados, todos e tudo... inclusive o coração dos torcedores, até o momento do chute. Se o goleiro ou algum outro jogador não obedece a este ritual, o juiz pode repetir a cobrança de pênalti.

Em algumas competições, quando um jogo termina empatado, o vencedor pode ser definido pela cobrança de pênaltis. A melhor cobrança de pênalti, para nós, brasileiros, foi a do italiano Roberto Baggio na final da Copa de 1994, que nos deu o tetracampeonato. Ele chutou a bola e mandou todos os brasileiros para o céu, sendo que a bola foi para o céu no sentido literal.

E se a bola cair fora do campo?

(Regra 15: O arremesso lateral; Regra 16: O tiro de meta; Regra 17: O tiro de canto)

Existem três formas de recolocar a bola em campo: o arremesso lateral, o tiro de meta e o tiro de canto.

Regra 15: O arremesso lateral

Quando a bola ultrapassar a linha lateral do campo, por terra ou pelo ar, será posta em jogo novamente por um jogador do time adversário daquele que a tocou por último, do ponto onde ela saiu.

A cobrança de lateral também tem seu ritual, só que bem menos solene que o do pênalti. O jogador deverá estar de frente para o campo, com os dois pés sobre a linha lateral ou fora de campo, lançando a bola sobre a cabeça com as duas mãos.

Não se pode marcar um gol jogando a bola diretamente de um arremesso lateral. Em compensação, o jogador que recebe a bola diretamente de uma cobrança de lateral não fica impedido. Han? Vai lá e dá uma olhada na regra 11.

Se o jogador não cumprir o ritual direitinho, ou se após cobrar o arremesso lateral for afoito e logo depois da cobrança pegar novamente na bola antes de qualquer outro jogador, o árbitro reverterá em lateral para a equipe adversária. Exatamente como as professoras fazem no jardim-de-infância, manda o outro coleguinha mostrar como se faz.

Regras 16 e 17: O tiro de meta e o tiro de canto

Quando a bola sai inteiramente (lembre sempre deste detalhe, pois ele faz toda a diferença), pelas linhas de fundo do campo, é tiro de meta ou de canto.

Se o último jogador a tocar a bola for do time que está atacando, será tiro de meta favorável ao time que estava sendo atacado. Pode ser cobrado por qualquer jogador, mas normalmente é cobrado pelo goleiro, com os pés, de qualquer ponto dentro da pequena área.

Se, ao contrário, o último jogador a tocar a bola for do time que está se defendendo (o goleiro bate na bola e esta sai, por exemplo), será concedido o tiro de canto, mais chamado de escanteio, ao time que estava atacando.

O escanteio deve ser cobrado com os pés, do cantinho do campo onde ficam aquelas bandeirinhas, do lado do campo que a bola saiu (ou do lado que o juiz achou que saiu).

Passeio Completo

Por que o jogador não fica logo junto da trave adversária pra fazer um monte de gols?
(Regra 11: O impedimento)

A regra se chama impedimento, mas geralmente o jogador está impedido justamente quando está livre demais!

Essa regra deve ter sido inventada por alguém com grande vocação para o *marketing*, pois ocupa horas e horas dos programas esportivos, sem falar das discussões nos botecos, restaurantes, intervalos para o cafezinho, almoços de domingo etc.

A regra diz o seguinte: um jogador estará em posição de impedimento se estiver mais próximo da linha de meta contrária que a bola e o penúltimo adversário.

Para facilitar ou complicar de vez o entendimento, existe uma explicação que parece equação matemática, cheia de letrinhas, e é a seguinte:

O jogador "A" estará em posição de impedimento se, na hora que seu companheiro de equipe, "B", lançar a bola (e não quando o jogador "A" receber), houver menos de dois jogadores entre "A" e o gol. Um desses jogadores normalmente é o goleiro, portanto, é preciso que haja mais um jogador adversário de "A" entre ele o gol.

Se no momento exato do lançamento da bola pelo jogador "B" os adversários estiverem na mesma linha de "A", não é impedimento.

Confirmado o impedimento, a equipe adversária cobrará um tiro livre indireto (regra 13) com a bola no local onde aconteceu a infração.

Revisando: todo jogador é considerado impedido se estiver mais perto da linha de fundo adversária do que a bola e o penúltimo adversário – exceto se:

- estiver em sua própria metade do campo;
- estiver na mesma linha ou houver pelo menos dois adversários entre ele e a linha de fundo quando seu companheiro lançar a bola em sua direção;
- receber a bola de uma cobrança de tiro de meta, um escanteio, um arremesso lateral ou bola ao chão.

A regra do impedimento é a mais incompreendida do futebol. Além de mais complicada do que as outras regras, ela pode ser bastante polêmica porque, por orientação da Fifa, o árbitro não deve considerar um jogador impedido simplesmente por ele estar em "posição de impedimento", ele tem de estar interferindo no jogo, atrapalhando um adversário ou tentando tirar vantagem dessa posição.

Algo parecido com você não considerar seu namorado culpado só porque ele está num lugar suspeito; ele teria que estar fazendo algo suspeito também...

Para ficar craque em diagnósticos de impedimento, o ideal é assistir a algum programa esportivo no domingo à noite ou na segunda-feira. Qualquer um, em qualquer domingo ou segunda-feira, você pode apostar que terá pelo menos um jogo em que estarão discutindo se foi ou não impedimento e repetindo a cena milhões de vezes.

Um último alerta: quando estiver assistindo a uma partida de futebol, não seja precipitada em dar o seu diagnóstico; de precipitado basta o jogador que ficou impedido. Até porque, se você errar, os homens presentes vão falar que você não entende nada de futebol e se acertar não vão levar a sério. Espere um pouco, normalmente durante as transmissões dos jogos de futebol, os narradores voltam a imagem e paralisam para ver a posição exata de cada jogador na hora do toque e/ou chute da bola e assim confirmar ou não o impedimento.

Quer que desenhe? Então vamos lá:

JOGADOR IMPEDIDO

LEGENDA

□ Time A

✕ Time B

JOGADOR NÃO IMPEDIDO

Capítulo 4

Equações matemáticas com dez incógnitas e uma certeza, ou sistemas táticos

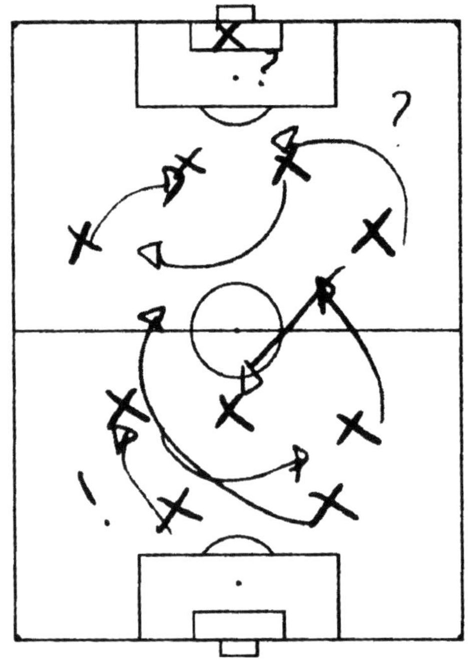

A princípio parece grego, e o pior, é grego mesmo! A palavra tática vem do grego *taktike*, que significa "a arte de manobrar tropas"; por aí já se tem uma idéia do que se pretende com sistemas táticos no futebol: organizar os jogadores e a sua movimentação dentro do campo de jogo.

Tudo é simples e lógico como qualquer equação matemática com dez incógnitas e apenas uma certeza.

Na verdade, é bom registrar que a lógica e a simplicidade se limitam ao universo da teoria; na prática precisamos conviver com o fato de os jogadores terem vontade própria, ainda bem, e em alguns casos bastante criatividade. Isso faz toda a diferença e torna o futebol mais interessante e às vezes (quem diria?) "uma caixinha de surpresas".

Pretinho Básico

Um bom começo para entender os sistemas táticos é saber o nome das posições e a função de cada jogador em campo; mas como o futebol é um jogo coletivo, os jogadores sempre fazem um pouco de cada função, ou confusão, salvo o goleiro, que tem algumas regalias.

Goleiro

A função primordial do goleiro é evitar que a bola entre em gol. É o único que pode tocar ou segurar a bola com as mãos, quando estiver dentro de sua grande área. O goleiro deve usar uniforme diferente dos demais jogadores para não confundir o juiz. Ou seja, veste-se diferente dos outros, pode pegar a bola com a mão e não se cansa correndo pelo campo. Não dá pra entender por que alguns ainda dizem que a vida de goleiro é tão difícil.

Teste de conhecimento
Tente lembrar o nome de algum goleiro.

Zagueiros

Formam a linha defensiva dos sistemas táticos, atuando na faixa do campo imediatamente à frente do seu goleiro. A função principal dos zagueiros é evitar que o goleiro tenha trabalho, ou seja, eles devem tomar a bola do jogador adversário e passar para alguém do seu time que esteja em condição de ir perturbar os zagueiros do outro time.

Teste de conhecimento
Tente lembrar o nome de algum zagueiro.

Laterais

Assim como os zagueiros, formam a linha defensiva dos sistemas táticos. Atuam preferencialmente nas laterais do campo (lateral direito, lateral esquerdo), próximos ao goleiro e aos zagueiros, sendo encarregados, principalmente, de marcar os adversários que atacam por esses lados do campo.

Podem ser uma boa alternativa de ataque para sua equipe, quando conseguem correr feito loucos até a linha de fundo do campo adversário e jogar a bola no pezinho ou na cabeça do atacante do seu time para que este faça o gol e saia como herói.

A depender do sistema tático, os jogadores que atuam mais pelas laterais do campo são chamados de alas, mas nestes casos eles atuam mais próximos do meio de campo, com a função mais de ataque do que de defesa.

Teste de entendimento
Tente lembrar o nome de algum lateral.

Meias

Formam a linha média dos sistemas táticos. Fazem principalmente a ligação entre a defesa e o ataque, atuando na zona intermediária do campo. Quando executam preferencialmente a função de defesa, são chamados de meias de contenção ou volantes de contenção e, a depender do seu estilo, este nome ganha dos torcedores alguns complementos como caneleiro, cão de guarda, perseguidor de canelas, fazedor de faltas, brucutu, cabeça de bagre e coisas do gênero.

Quando concentram suas ações na armação de jogadas de ataque, são chamados de meia-armadores ou apoiadores. Alguns meias conseguem executar muito bem as duas funções, defesa e armação de jogadas; nestes casos os complementos são mais edificantes e eles são chamados geralmente de maestros ou cérebros do time.

Teste de entendimento
Tente lembrar o nome de algum meia.

Atacantes

Formam a linha ofensiva do time atuando principalmente na faixa do campo próxima do gol adversário. Em geral, são as estrelas dos times e estão em campo para fazer gols, ou ajudar o outro atacante a fazer.

Teste de entendimento
Tente lembrar o nome de algum atacante.

Respostas dos testes de entendimento

Goleiros: Gilmar, Taffarel, Marcos, Dida, Rogério Ceni.
Se conseguir lembrar de pelo menos dois desta lista, siga adiante.

Zagueiros: Aldair, Roque Junior, Marcio Santos, Bellini, Brito, Ricardo Gomes, Lúcio, Juan.
Se lembrar de Junior Baiano, talvez fosse bom pensar mais um pouco.

Laterais: Roberto Carlos, Cafu, Jorginho, Nilton Santos, Cicinho, Junior.
Se o único Roberto Carlos de quem você já ouviu falar é o cantor, vamos ter muito trabalho.

Meias: Falcão, Sócrates, Dunga, Gérson, Gilberto Silva, Kaká, Rivaldo, Rivellino.
Se lembrou Lupo, talvez fosse melhor curtir o futebol sem se preocupar muito com sistemas táticos...

Atacantes: Ronaldo, Pelé, Romário, Tostão, Robinho, Bebeto, Careca, Casagrande.
Se não lembrou de nenhum nome, não fique desesperada; talvez tenha morado em outro planeta nos últimos vinte anos.

Esporte Fino

Você pode não ter participado, mas com certeza já assistiu aos garotos, antes de iniciarem uma "peladinha", ou um "baba", como se diz na Bahia, bater "par ou ímpar" para escolher quem fará parte do seu time. Os técnicos de futebol fazem mais ou menos isso e chamam de escalação do time e definição do sistema tático.

Durante muito tempo a frase "técnico não ganha jogo, só perde" teve muita força entre os futebolistas brasileiros, hoje, porém, técnico é a solução e a origem de todos os males que afligem um time de futebol.

Como todo mundo sabe, ou deveria saber, a Seleção Brasileira é a maior vencedora de Copas do Mundo, e claro que em todas elas nosso time foi dirigido por um técnico, que se não ganhou o jogo, pelo menos não fez o time perder. Então, nada mais justo do que conhecer quem foram estes personagens nas três últimas Copas do Mundo em que fomos vencedores.

Saiba também que todos os técnicos brasileiros que venceram uma Copa do Mundo têm uma característica em comum: eles conseguem passar de completos analfabetos em futebol, para não dizer burros e teimosos, para gênios e grandes estrategistas em apenas um mês, e pasme, participando da mais difícil competição de futebol do planeta. Como fazem para aprender tanto em tão pouco tempo nenhum deles revelou até hoje.

Zagallo
(Mário Jorge Lobo Zagallo)
09/08/1931

Uma lenda do futebol mundial, Zagallo é o maior vencedor no esporte mais popular do mundo. Atuou como jogador, técnico, coordenador-técnico e defensor incondicional da Seleção Brasileira. O Velho Lobo, como é chamado no meio esportivo, brilhou em quatro das cinco estrelas bordadas na camisa da Seleção Brasileira.

Sua primeira Copa como treinador da Seleção Brasileira foi a de 70. Dirigiu um elenco de supercraques e teve a capacidade de harmonizar estes talentos, escalando no mesmo time Gérson, Rivelino, Pelé e Tostão. Na Copa de 74, ficou em quarto, e em 1998 foi vice-campeão na França. Participou como coordenador técnico da conquista do tetracampeonato na Copa de 94 e na "volta mais cedo" em 2006.

Parreira
(Carlos Alberto Parreira)
27/02/1943

Tirou o Brasil de uma "seca" constrangedora, que já durava 24 anos, ao vencer a Copa de 94. Participou também da conquista da Copa de 70 como preparador físico. Formado em Educação Física e técnico de futebol pela Escola Nacional de Educação Física e Desportos, Parreira é um grande conhecedor da parte teórica e da história do futebol, sem falar no excelente exemplo que ele passa para os homens quando aparece nos programas esportivos cuidando de sua netinha, Letícia. Nas horas vagas, gosta de pintar marinas e paisagens, além de cuidar do jardim de sua casa no Rio. Tem coisa melhor?

Como treinador da Seleção Brasileira, além de tirar o Brasil do jejum na Copa do Mundo de 94, venceu a Copa da Amizade (1992), a Copa América (2004) e a Copa das Confederações (2005).

Na Copa do Mundo de 2006 não repetiu o sucesso de 94, e com uma Seleção recheada de grandes estrelas do futebol, só conseguiu um constrangedor quinto lugar. Na Copa de 2010 estará dirigindo a Seleção da África do Sul, donos da casa.

Felipão
(Luiz Felipe Scolari)
09/11/1948

Felipão tem uma grande qualidade: apesar de "Felipão", assume publicamente que consulta sua esposa, Dona Olga, antes de tomar decisões importantes, como mudar de cidade ou país. Tem exemplo mais edificante?

Grande motivador de elencos, consegue a confiança dos seus jogadores, e quando está na beira do campo, joga junto com o time. Começou a carreira como jogador de futebol no Rio Grande do Sul e foi também num time gaúcho, o Grêmio, que se destacou como técnico.

Scolari assumiu a Seleção Brasileira em 2001, quando a nossa Seleção estava passando por um período, digamos, de TPC (tensão pré-copa) sem a classificação garantida e todo mundo falando mal do time. Ele uniu os jogadores (lembra da "Família Scolari"?), apostou alto, resistiu à pressão para convocar Romário e acreditou na recuperação de Ronaldo Fenômeno e de Rivaldo, que estavam sofrendo com contusões. Não deu outra, Brasil campeão do mundo em 2002.

Depois deste sucesso com a Seleção Brasileira, assumiu a Seleção de Portugal e ajudou nossos patrícios a conseguir o quatro lugar na Copa de 2006. Os portugueses ficaram muito felizes com esta classificação, a melhor em 40 anos.

Passeio Completo

Depois de saber quem faz o quê nos sistemas táticos, precisamos falar dos próprios: os sistemas táticos.

A arrumação dos jogadores em campo, ou melhor, nos sistemas táticos é representada em números: 4-3-3, 3-5-2, 4-3-1-2, etc. Observe que a soma destes números sempre totaliza 10, apesar de serem 11 os jogadores em cada time, o que nos leva obrigatoriamente a duas conclusões: ou os técnicos não têm dúvida quanto à posição do goleiro ou os goleiros não servem para quase nada.

Cada número do sistema tático representa uma linha de jogadores no campo: linha defensiva, linha média e linha ofensiva; por exemplo, no sistema 4-3-3, o número 4 representa os jogadores da linha defensiva, o primeiro 3 os da linha média e o outro 3 os da linha ofensiva.

A partir da década de 70, os sistemas táticos mais badalados e também mais utilizados pelos principais times e seleções foram o 4-4-2, 4-3-3 e o 3-5-2 com algumas variações em função das características dos jogadores. Semelhante ao que acontece com o comprimento das saias no mundo da moda: fica variando em torno da altura do joelho.

E como funcionam estes sistemas?

4-4-2

No sistema 4-4-2, a distribuição dos jogadores em campo é a seguinte:

A linha defensiva é formada por dois zagueiros e dois laterais (esquerdo e direito).

A linha média também com quatro jogadores, com as funções de marcação e armação de jogadas. A depender das características e habilidades destes jogadores, esta linha média pode apresentar variações, tornando o time mais ou menos ofensivo.

A linha ofensiva é formada por dois atacantes e, como a linha média, pode variar bastante em função das características dos jogadores que desempenharem esta função.

Foi o sistema tático utilizado pelo técnico Parreira na Seleção Brasileira campeã da Copa de 94.

4-3-3

O sistema 4-3-3 é uma variação do 4-4-2. A diferença é que no sistema 4-3-3 um jogador da linha média é substituído por outro com características para atuar na linha ofensiva.

Este sistema foi utilizado pela Seleção Brasileira na Copa de 70 comandada pelo técnico Zagallo com muito sucesso. A Seleção de 70 é considerada por muitos até hoje como a melhor seleção de todos os tempos.

3-5-2

A grande diferença do 3-5-2 para os outros dois sistemas está na linha defensiva, que é formada por três zagueiros.

A linha média é formada por cinco jogadores, dois situados nas laterais do campo, chamados de alas (semelhantes aos laterais do sistema 4-4-2, só que neste caso eles privilegiam as ações ofensivas), e três meias, que se encarregam das funções defensivas e armação de jogadas de ataque.

A linha ofensiva é formada por dois atacantes, assim como no sistema 4-4-2.

O 3-5-2 foi o sistema tático utilizado por Felipão na Copa de 2002, e, diga-se de passagem, muito bem usado!

Capítulo 5

Se você tem um filho, pense duas vezes antes de gritar: "menino, largue esta bola", ou os craques

Existem jogadores dos quais, com certeza, você já ouviu falar, alguns até pelo que aprontaram fora dos gramados, como casar em um lindo castelo em Paris ou simplesmente por desfilar para alguma grife famosa. Outros porque é impossível viver neste planeta e não tomar conhecimento de suas existências como Pelé, o melhor jogador do mundo de todos os tempos, Ronaldo, um fenômeno dentro e fora de campo, e Ronaldinho Gaúcho, a paixão mundial.

Convenhamos que para alguém que pretende entender de futebol é muito pouco apenas ter ouvido falar de alguns jogadores. É preciso saber um pouco mais.

A princípio, vamos nos limitar aos feitos na área esportiva, mas em alguns casos é absolutamente impossível respeitar esta barreira. De qualquer forma, para não ficar com cara de 0 X 0, na ficha de cada jogador foi incluída uma classificação baseada naquela brincadeira de infância "pimenta, pimentinha, pimentão ou sapatinho de algodão", para dar uma pista do que andam aprontando os craques nas horas em que não estão em campo.

Mesmo quem não conhece a brincadeira pode deduzir o que cada opção significa, começando pelo quase anjinho, sapatinho de algodão, até o *bad boy*, pimentão.

AVISO DE UTILIDADE PÚBLICA!!

Não chame nenhum jogador de gato! No mundo do futebol, gato é quem falsifica a idade para ingressar em times de base ("times de base" são aqueles times sub alguma coisa, sub-15, sub-17 etc.). E não estamos falando aqui da velha mania feminina de esquecer alguns aniversários na hora de declarar a idade e sim de falsificar documentos, de cometer crime.

LEGENDA

pimentinha

pimentão

pimenta

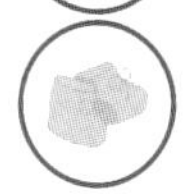
sapatinho de algodão

Pretinho Básico

Dados até 18/08/2007

Pra começar, conheça alguns dos melhores jogadores da atualidade, que freqüentam ou freqüentaram recentemente as listas da Seleção Brasileira e também, às vezes, as revistas de celebridades. Mas, acredite, o critério determinante para estarem aqui foi apenas a desenvoltura no tratamento da princesa "Bola".

Ronaldo

(Ronaldo Luis Nazário de Lima)

* 22/09/1976

Eleito três vezes o melhor jogador do mundo pela Fifa, Ronaldo é o craque dos fatos superlativos, provavelmente o maior exemplo de superação em campo e protagonista do mais hollywoodiano e rápido casamento no mundo do futebol.

Ronaldo foi revelado pelo Cruzeiro; com apenas 16 anos se transferiu para o PSV Eidhoven da Holanda e, assim como Pelé, se tornou campeão mundial aos 17, quando foi convocado por Carlos Alberto Parreira para a Copa do Mundo de 94. Quatro anos depois, chegou à Copa da França como principal estrela do futebol mundial, mas o desfecho foi quase trágico: Ronaldo sofreu uma convulsão na concentração antes da partida final, não jogou bem e o Brasil perdeu o título para a França.

O sonho de brilhar em um Mundial ficou adiado para a Copa de 2002, mas no intervalo sofreu duas lesões gravíssimas no joelho direito e foi considerando por muitos como inutilizado para o futebol. No fim, como nos melhores contos de fada, Ronaldo conseguiu se recuperar para jogar na Copa de 2002; foi o artilheiro da competição com oito gols, dois na final contra a Alemanha, e o Brasil conquistou o pentacampeonato mundial.

Na Copa de 2006, sofreu com um problema tipicamente feminino: foi chamado de gordo e não repetiu o sucesso de 2002. Apesar disso, Ronaldo marcou três gols e se tornou o jogador com maior número de gols em Copas do Mundo.

Posição: Atacante
Clubes/Principais Títulos: Cruzeiro – Campeonato Mineiro (1994); PSV – Copa da Holanda (1996); Barcelona – Copa do Rei (1997), Recopa Européia (1997); Internazionale – Copa da Uefa (1998); Real Madrid – Mundial Interclubes (2002), Campeonato Espanhol (2003) Seleção Brasileira – Copa do Mundo (1994 e 2002), Copa América (1997 e 1999), Copa das Confederações (1997)
Jogos pela seleção: 104
Gols pela seleção: 67

Ronaldinho Gaúcho

(Ronaldo de Assis Moreira)

* 21/03/1980

É um dos poucos jogadores que conseguem ser aplaudidos pela torcida adversária. Algo como ser elogiada pela ex-namorada encrenqueira, diga-se de passagem, do nosso namorado.

Foi eleito pela Fifa, em 2004 e 2005, o melhor jogador do mundo, além de aclamado por todo o planeta futebolístico. Talentoso, faz coisas impressionantes com a bola, inclusive muitos gols; tem excelente visão de jogo e coloca os companheiros de time sempre na "cara do gol".

Começou a carreira no Grêmio, em 1998. Ficou duas temporadas no futebol francês antes de se transferir para a Espanha. Jogando no time do Barcelona, o craque explodiu. É aclamado pela imprensa espanhola, que costuma dizer que ele "é de outro planeta". Parece que, de tanto ouvir isso, Ronaldinho "ficou em outro planeta" e a nossa Seleção voltou mais cedo pra casa na Copa de 2006.

Posição: Atacante
Clubes/Principais Títulos: Grêmio – Campeonato Gaúcho (1999); Barcelona – Campeonato Espanhol (2005 e 2006), Liga dos Campeões da Europa (2006)
Seleção Brasileira – Copa das Confederações (2005), Copa do Mundo (2002), Copa América (1999)
Jogos pela seleção: 79
Gols pela seleção: 31

Rivaldo
(Rivaldo Victor Borba Ferreira)
* 19/04/1972

Discreto, quase arredio, é difícil encontrar alguma notícia de Rivaldo fora das colunas esportivas. É habilidoso, com excelente controle de bola e frieza nos momentos decisivos. Na Copa do Mundo de 2002, formou, ao lado de Ronaldo e Ronaldinho Gaúcho, o chamado trio de "R's", e foi um dos destaques do pentacampeonato da Seleção Brasileira naquela Copa.

Rivaldo começou no Santa Cruz de Recife, jogou no Corinthians, no Palmeiras e, seguindo a escrita dos grandes craques brasileiros, foi brilhar na Europa, especificamente no Barcelona, que na época procurava um substituto para Ronaldo. No clube catalão viveu sua grande fase: fez gols, jogadas maravilhosas e em 1999, foi eleito o melhor jogador do mundo pela Fifa.

Posição: Atacante
Clubes/Principais Títulos: Palmeiras – Campeonato Brasileiro (1994), Campeonato Paulista (1996); Barcelona – Campeonato Espanhol (1998 e 1999), Copa do Rei (1998); Olympiacos – Campeão Grego (2005 e 2006), Copa da Grécia (2005 e 2006)
Seleção Brasileira – Copa do Mundo (2002), Copa América (1999), Copa das Confederações (1997)
Jogos pela seleção: 78
Gols pela seleção: 38

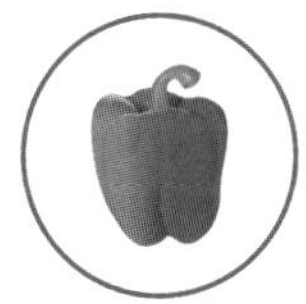

Romário
(Romário de Souza Faria)
* 29/01/1966

Se você morou no Brasil nos últimos 12 anos, já viu a imagem de Romário enrolado na nossa Bandeira, chorando e mostrando a taça de campeão para a platéia do estádio Rose Bowl, em Los Angeles, após a final da Copa do Mundo de 94. Romário foi a grande estrela da Seleção Brasileira quando o Brasil ganhou o tetracampeonato em 94.

Revelado pelo Vasco, fez sucesso na Europa jogando no PSV Eidhoven, da Holanda, e no Barcelona, da Espanha. No Brasil, brilhou novamente no Vasco e no Flamengo. Foi eleito melhor jogador do mundo pela Fifa em 1994. É considerado um gênio dentro da grande área. Traduzindo, ele faz um monte de gols e deixa os zagueiros se perguntando como foi que ele fez aquilo.

Com fama de indisciplinado e mulherengo, Romário revelou seu lado príncipe fora de campo com o carinho que demonstra por sua filha Ivy, portadora de síndrome de Down.

Em 20 de maio de 2007, Romário comemorou o gol de número 1.000 em sua carreira. Segundo alguns "caxias", ele driblou um pouco a matemática na sua contagem. Bobagem, alguns gols de Romário valem por dez, como aquele que fez no Maracanã contra o Uruguai, que classificou o Brasil para a Copa de 94.

Posição: Atacante
Clubes/Principais Títulos: Vasco – Campeonato Carioca (1987, 1988 e 2000), Copa Mercosul (2000), Campeonato Brasileiro – João Havelange – (2000); Flamengo: Campeonato Carioca (1996 e 1999), Copa Mercosul (1999); PSV – Campeonato Holandês (1989, 1991 e 1992); Barcelona – Campeonato Espanhol (1994) Seleção Brasileira – Copa do Mundo (1994), Copa América (1997, 1998), Copa das Confederações (1997)
Jogos pela seleção: 74
Gols pela seleção: 56

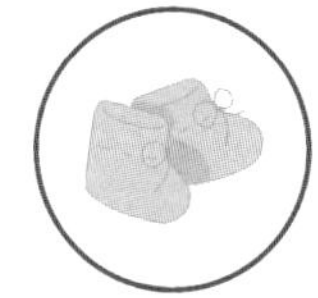

Cafu
(Marcos Evangelista de Moraes)
*19/06/1970

Não é possível falar de Cafu sem lembrar do gesto mais romântico do futebol, quando ele gritou, na final da Copa de 2002: "Regina, eu te amo". Mas este gesto sozinho não o credenciaria para figurar em um guia de futebol; Cafu também joga muito futebol e é um exemplo de determinação.

Jogou em grandes times brasileiros, com destaque para o São Paulo, campeão do mundo, e o Palmeiras, campeão brasileiro. O sucesso na Europa veio no time da Roma e, em 1998 foi eleito, pela Fifa, o melhor lateral do mundo.

O que poucos sabem, no melhor estilo "brasileiro não desiste nunca", é que, antes de se tornar um dos maiores laterais da história do futebol brasileiro, teve dificuldades para se tornar um jogador profissional. Antes de emplacar no São Paulo, Cafu foi reprovado em diversas peneiras (testes de acesso) em clubes como Corinthians, Palmeiras, Santos, Portuguesa e Nacional.

Na Copa de 2002, o capitão do time que conquistou o pentacampeonato se tornou o primeiro jogador a participar de três finais seguidas de Copa do Mundo. É o jogador brasileiro com mais atuações com a camisa do Brasil.

Posição: Lateral direito

Clubes/Principais Títulos: São Paulo – Campeonato Paulista (1989, 1991 e 1992), Campeonato Brasileiro (1991); Copa Libertadores da América (1992 e 1993); Mundial Interclubes (1992 e 1993); Sul-Americana (1993 e 1994); Supercopa da Libertadores (1993); Roma – Campeonato Italiano (2001); AC Milan – Campeonato Italiano (2004), Liga dos Campeões da Uefa (2007)
Seleção Brasileira: Copa do Mundo (1994 e 2002); Copa América (1997 e 1999); Copa das Confederações (1997)
Jogos pela seleção: 143
Gols pela seleção: 5

Roberto Carlos
(Roberto Carlos da Silva)
* 10/04/1973

O chute potente é sua marca registrada. Falta perto da área a favor do Brasil? Pode cruzar os dedos, pois é grande a possibilidade de ele fazer um gol. Na Seleção Brasileira começou nas categorias de base, seleções sub-17, sub-20, e já é o segundo jogador que mais atuou com a camisa do Brasil, atrás apenas de Cafu. Participou do vice-campeonato na Copa de 98 e foi um dos destaques na conquista do pentacampeonato em 2002. Já na Copa de 2006, o destaque foi a péssima hora em que ele ajeitou a meia no jogo contra a França. Mas, se pensarmos bem, aquele jogo todo pode ser considerado uma "péssima hora".

Roberto Carlos começou em Cordeirópolis, no interior paulista, mas o sucesso chegou jogando pelo Palmeiras. Depois foi brilhar em campos europeus e, em 1996, iniciou uma trajetória de conquistas que durou 10 anos no milionário Real Madrid, da Espanha.

Em 1997, foi eleito o segundo melhor jogador do mundo pela Fifa, atrás apenas de Ronaldo, um feito considerável para um prêmio que tradicionalmente privilegia jogadores que atuam no ataque.

Quando está de férias no Brasil, adora participar de programas de variedades na tv. Já apareceu no programa de Hebe Camargo, no de Adriane Galisteu, no Domingão do Faustão e deu selinho em Ana Maria Braga.

Posição: Lateral esquerdo
Clubes/Principais Títulos: Palmeiras – Campeonato Paulista (1993 e 1994); Campeonato Brasileiro (1993 e 1994); Torneio Rio-São Paulo (1993); Real Madrid – Campeonato Espanhol (1996, 1997, 2001, 2003 e 2007); Liga dos Campeões da Europa (1998, 2000 e 2002); Mundial Interclubes (1998 e 2002)
Seleção Brasileira: Copa do Mundo (2002); Copa América (1997 e 1999), Copa das Confederações (1997)
Jogos pela seleção: 126
Gols pela seleção: 10

Robinho
Robson de Souza
***25/01/1984**

Robinho encantou o mundo com suas oito pedaladas que ajudaram o Santos a vencer o Campeonato Brasileiro de 2002. Apesar de ainda não possuir uma longa história para contar, por conta da pouca idade, o garoto já fez muito no futebol: venceu duas Copas América (2004 e 2007) e uma Copa das Confederações (2005), jogando todas as finais contra os nossos arqui-rivais: a Seleção da Argentina. Na Copa de 2006, ficou a maior parte do tempo no banco de reservas e não conseguiu mostrar seu talento.

Iniciou a carreira jogando no Santos, o mesmo time de Pelé. Com a qualidade e juventude do seu futebol, foi contratado pelo Real Madrid da Espanha, um dos maiores clubes da Europa.

Posição: Atacante
Clubes/Principais Títulos: Santos – Campeonato Brasileiro (2002 e 2004); Real Madrid – Campeonato Espanhol (2007)
Seleção Brasileira: Copa das Confederações (2005); Copa América (2004 e 2007)
Jogos pela seleção: 40
Gols pela seleção: 13

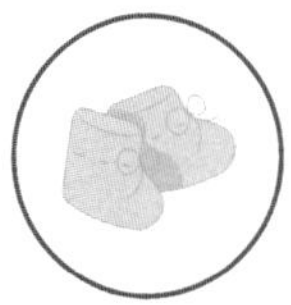

Kaká
Ricardo Izecson Santos Leite
* 22/04/1982

O sucesso começou numa final do Torneio Rio-São Paulo, campeonato de times dos Estados de São Paulo e Rio de Janeiro. Kaká entrou no segundo tempo e fez os gols da vitória do seu time, o São Paulo. Um ano depois, já era campeão com a Seleção Brasileira na Copa do Mundo da Coréia e Japão, em 2002.

Depois da Copa de 2002, foi para a Europa jogar no Milan da Itália. A cidade de Milão, sede do Milan, parece ter sido uma escolha perfeita para um garoto lindo com cara de modelo.

Kaká, diferentemente da maioria dos jogadores de futebol, nasceu em "berço de ouro". Um verdadeiro príncipe nos moldes tradicionais, dentro e fora do campo. Religioso, bonito e rico, o sonho de toda sogra.

Posição: Meia
Clubes/Principais Títulos: São Paulo – Torneio Rio-São Paulo (2001); AC Milan – Liga dos Campeões da Uefa (2007)
Seleção Brasileira: Copa do Mundo (2002); Copa América (2004), Copa das Confederações (2005)
Jogos pela seleção: 49
Gols pela seleção: 17

Esporte Fino

Ou melhor, sessão nostalgia

O Brasil tem tradição de revelar grandes jogadores e não dá para ficar alheia às grandes figuras que construíram a história do nosso futebol. Então, vamos recordar alguns destes craques. Mas, atenção, não pense que vamos esgotar o assunto, existem, pelo menos, mais uns 200 jogadores que poderiam estar aqui.

Pelé
(Edson Arantes do Nascimento)
*** 23/10/1940**

Precisa falar dele? O melhor jogador do mundo de todos os tempos, participou de quatro Copas, venceu três (58, 62 e 70), fez mais de 1.000 gols e é o maior artilheiro da Seleção Brasileira. Quer mais? Nenhum jogador marcou tantos gols, reinou por tanto tempo e ganhou tantos títulos quanto Pelé. Em 1980, foi eleito por jornalistas de todo o mundo o Atleta do Século, concorrendo com atletas de todos os esportes.

Pelé começou a jogar profissionalmente no Santos, aos 16 anos, e apenas um ano depois, em 1958, já vencia uma Copa do Mundo com a Seleção Brasileira, encantando o mundo. Além do Santos, onde jogou por 18 anos, Pelé jogou no Cosmos de Nova York, ajudando a difundir o futebol nos Estados Unidos.

Sendo o rei do futebol, nada mais apropriado do que namorar uma rainha. Pelé namorou a Xuxa, a rainha dos baixinhos, mas sua atuação fora de campo não parou por aí. O rei foi embaixador da ONU, ator, cantor, ministro de Estado e empresta seu nome a estádios de futebol, ruas e praças pelo mundo afora, além de ser adjetivo quando queremos dizer que alguém é muito bom no que faz.

Posição: Meia-atacante
Clubes/Principais Títulos: Santos – Campeão Paulista (1958, 1960/61/62, 1964/65, 1967/68/69, 1973), Taça Brasil (1961/62/63/64/65), do Robertão (1968), do Rio-São Paulo (1959, 1963/64), da Taça Libertadores da América (1962/63) e Mundial Interclubes (1962/63); Cosmos – Campeonato Norte-Americano (1977)
Seleção Brasileira: Copas do Mundo (1958, 1962 e 1970), Copa Roca (1957 e 1963)
Jogos pela seleção: 114
Gols pela seleção: 95

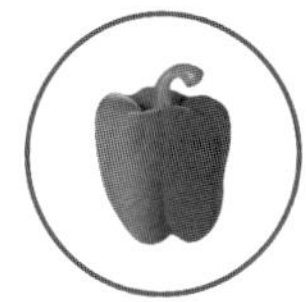

Garrincha
(Manoel Francisco dos Santos)
* 18/10/1933 † 20/01/1983

Muita gente considera Garrincha o segundo maior jogador da história do nosso futebol, só atrás de Pelé. Balançava na frente dos adversários e passava facilmente por eles. Na Copa de 58, foi um dos responsáveis pela conquista do título e, quatro anos depois, no Chile, dizem que ganhou a Copa do Mundo "sozinho".

Garrincha era operário da América Fabril e jogava no time da pequena cidade de Pau Grande, quando foi convencido a fazer um teste no Botafogo por um antigo jogador do clube. Neste teste jogou no time contrário ao de Nilton Santos, nossa enciclopédia do futebol, que exigiu a contratação de Garrincha. Ele não queria ter de marcar aquele garoto "endiabrado" caso ele fosse jogar em outro time. Ficou no Botafogo de 1953 a 1965, sendo, até hoje, um dos grandes ídolos do clube.

Se dentro de campo era um príncipe, do lado de fora Garrincha estava mais para sapo e sofreu com o alcoolismo adquirido ainda na infância. Dezenas de mulheres passaram pela sua vida, às vezes ao mesmo tempo. Tinha filhos sem compromisso, e nem junto à cantora Elza Soares, o grande amor da sua vida, resistiu ao seu lado mulherengo e superou o vício da bebida. Garrincha morreu aos 49 anos em uma crise depressiva e em função de complicações decorrentes do alcoolismo.

Posição: Atacante
Clubes/Principais Títulos: Botafogo – Campeão Carioca (1957, 1961/62) e do Rio-São Paulo (1962 e 1964)
Seleção Brasileira: Campeão Mundial (1958/62), Copa Roca (1960)
Jogos pela seleção: 60
Gols pela seleção: 17

Falcão
(Paulo Roberto Falcão)
* 16/10/1953

Participou daquela seleção brasileira que conseguiu perder uma Copa do Mundo em 1982 e, mesmo assim, continuou sendo amada e endeusada pelos brasileiros. Falcão se destacou pela elegância, dentro e fora de campo. Jogava sempre de cabeça erguida, um verdadeiro *gentleman*.

Começou no Internacional de Porto Alegre e no auge de sua carreira jogou na Itália, ou melhor, reinou no time da Roma, a ponto de ser chamado de "Rei de Roma" pelos jornalistas italianos. Uma história, revelada pelo ex-primeiro-ministro italiano, Giulio Andreotti, nos dá uma pista da importância de Falcão quando jogou por lá: ninguém menos que o Papa João Paulo II interferiu para que ele continuasse jogando no time da Roma. E não era pra menos, com a sua chegada o time do santíssimo saiu da geladeira de títulos que amargava há mais de 40 anos.

Falcão é comentarista de futebol em uma rede de televisão e você pode conferir a elegância dele nos intervalos dos jogos da Seleção Brasileira ou do Campeonato Brasileiro.

Posição: Meia
Clubes/Principais Títulos – Internacional: Campeão Brasileiro (1975/76 e 1979) e Gaúcho (1973/74/75/76 e 1978); Roma – Italiano (1983) e da Copa da Itália (1981); São Paulo – Paulista (1985).
Seleção Brasileira: Torneio Bicentenário dos EUA (1976), Copa Roca (1976)
Jogos pela seleção: 34
Gols pela seleção: 7

Zico
(Arthur Antunes Coimbra)
* 03/03/1953

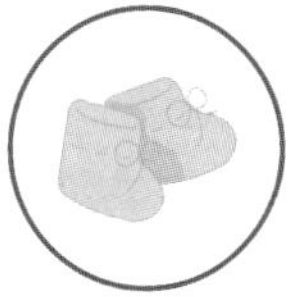

Foi o maior goleador do Flamengo e um dos maiores artilheiros da Seleção Brasileira. Só isso, ou melhor, tudo isso, já o colocaria num pedestal da história do futebol. Com a Seleção Brasileira participou de três Copas do Mundo (78, 82 e 86). Vale lembrar que a Seleção de 82 é aquela seleção que, cheia de craques e jogando lindo, fez o que ninguém acredita até hoje: perdeu a Copa.

Zico começou no Flamengo e se tornou um dos símbolos do clube; fez parte do time campeão mundial em 1981 e é o maior artilheiro do clube, com 508 gols. Jogou também no Udinese da Itália.

Encantando o mundo com seu futebol, Zico ensinou o Japão a gostar de futebol jogando pelo Kashima Antlers e, depois, como técnico da Seleção Japonesa na Copa de 2006, tentou ensinar os japoneses a jogar futebol, uma missão quase impossível, até para um craque como ele.

Posição: Atacante
Clubes/Principais Títulos – Flamengo: Campeão do Mundial Interclubes (1981), da Libertadores da América (1981), Brasileiro (1980, 1982/83 e 1987), Carioca (1972/73, 1978/79; Especial (1981 e 1986)
Seleção Brasileira: Copa Rio Branco (1976), Copa Roca (1976), Torneio Bicentenário dos EUA (1976)
Jogos pela seleção: 88
Gols pela seleção: 66

Nilton Santos
(Nilton dos Santos)
* 16/05/1925

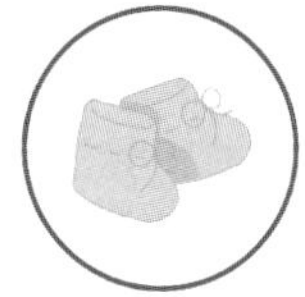

Nilton Santos foi o melhor lateral esquerdo da história do nosso futebol. Na época em que lateral só fazia defender, surpreendeu o mundo ao fazer um gol na Copa de 58, contra a Áustria, partindo da defesa, fazendo uma tabela e aparecendo na cara do gol adversário.

Foi titular da Seleção Brasileira em três mundiais, 1954, 1958 e 1962, e apenas em 1954 o Brasil não venceu. Em 1998, foi eleito pela Fifa o melhor lateral esquerdo de todos os tempos.

Nilton Santos é um exemplo de fidelidade, pelo menos dentro de campo: permaneceu toda a sua carreira, 18 anos, em um único time, o Botafogo do Rio de Janeiro; despediu-se do futebol em 1964.

Posição: Lateral esquerdo
Clubes/Principais Títulos – Botafogo-RJ – Carioca (1948, 1957, 1961 e 1962)
Seleção Brasileira: Copa do Mundo (1958 e 1962)
Jogos pela seleção: 85
Gols pela seleção: 4

Rivellino
(Roberto Rivellino)
* 01/01/1946

Rivellino é o craque que inventou o elástico. Surpresa? Na verdade ele inventou um drible chamado elástico, que é uma forma de enganar o adversário e passar com a bola deixando o coitado com "cara de circunstâncias". Era um mestre em dribles curtos, chutes potentes e lançamentos precisos.

Começou no time do Corinthians, onde jogou durante 10 anos, e foi um dos maiores ídolos da grande torcida corinthiana. Jogou também no Fluminense do Rio de Janeiro e terminou a carreira na Arábia Saudita.

Participou da Seleção Brasileira que encantou o mundo na Copa de 70. Jogou ainda nas Copas de 74 e 78.

Posição: Meia
Clubes/Principais Títulos: Corinthians – Campeão do Rio-São Paulo (1966); Fluminense – Campeão Carioca (1975/76); El Helal – Copa do Rei (1979) e da Arábia Saudita (1980/81)
Seleção Brasileira: Copa do Mundo (1970)
Jogos pela seleção: 121
Gols pela seleção: 43

Tostão
(Eduardo Gonçalves de Andrade)
* 25/01/1947

Diferente da grande maioria dos jogadores, Tostão sempre teve consciência da situação política e social do Brasil; no auge do regime militar chegou a elogiar Leonel Brizola e a reforma agrária.

Em campo, caracterizou-se como driblador, mas extremamente solidário. No mundial de 1970, Tostão foi o autor da jogada que deu a vitória ao Brasil no jogo contra a Inglaterra e é bom gravar este lance, um clássico nas citações dos amantes do futebol.

Sua carreira no futebol foi interrompida precocemente por uma bolada no olho esquerdo que provocou o descolamento da retina. Tostão teve de ser operado, recuperou-se para a Copa do México, mas a lesão no olho o obrigou a parar em 1973, aos 27 anos.

Tornou-se médico e professor da UFMG; viveu quase escondido em Belo Horizonte até 1999, quando retornou como comentarista de futebol. Escreve até hoje uma das melhores colunas esportivas do país.

Posição: Atacante
Clubes/Principais Títulos: Cruzeiro – Campeão Mineiro (1965/66/67/68/69), da Taça Brasil (1966)
Seleção Brasileira: Copa do Mundo (1970), Copa Roca (1971)
Jogos pela seleção: 65
Gols pela seleção: 35

Didi
(Valdir Pereira)
* 08/10/1929 † 12/05/2001

Apelidado de Príncipe Etíope pelo cronista e dramaturgo Nelson Rodrigues, por sua classe e elegância, sempre com a cabeça levantada, sem olhar para a bola. Foi um grande líder nos times em que jogou. Mas, fora de campo, era Dona Guiomar, sua mulher, quem assumia o comando, segundo ele.

O seu gesto de ir pegar a bola no fundo da rede do gol do Brasil após a Suécia marcar o primeiro gol na final da Copa de 58, e caminhar calmamente em direção ao centro do campo, passando confiança ao time brasileiro, fez sucesso. Didi foi eleito o melhor jogador da Copa de 58.

Começou no Rio de Janeiro jogando pelo São Cristóvão, Fluminense e Botafogo. Na Europa defendeu as cores do Real Madrid, da Espanha.

Foi o autor do primeiro gol marcado no Estádio do Maracanã quando jogava pelo Fluminense. É dele também a jogada que até hoje é conhecida como "Folha Seca". Um chute geralmente de longa distância, aparentemente despretensioso, em que a bola ganha altura e cai repentinamente junto ao gol, para desespero dos goleiros rivais.

Posição: Meia
Clubes/Principais Títulos: Fluminense – Campeão Carioca (1951); Botafogo – Carioca (1957, 1961 e 1962).
Seleção Brasileira: Copa do Mundo (1958 e 1962)
Jogos pela seleção: 74
Gols pela seleção: 21

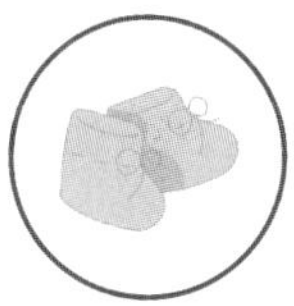

Djalma Santos
(Djalma dos Santos)
* 27/02/1929

Participou de quatro Copas do Mundo. Em 1958, foi eleito o melhor lateral direito da Copa, mesmo jogando uma única partida, justamente a final contra a Suécia.

Em 1962, era titular absoluto e integrou a seleção de melhores jogadores eleita pela Fifa. Em algumas enquetes internacionais, aparece como maior lateral direito de todos os tempos. Foi um dos primeiros jogadores do Brasil e do mundo a cobrar arremessos laterais como cruzamentos sobre a área adversária.

Posição: Lateral direito
Clubes/Principais Títulos: Palmeiras – Campeão Paulista (1959, 1963 e 1966), da Taça Brasil (1967) e do Robertão (1967); Atlético-PR – Paranaense (1970)
Seleção Brasileira: Copa do Mundo (1958 e 1962); Copa Roca (1957, 1960 e 1963)
Jogos pela seleção: 111
Gols pela seleção: 3

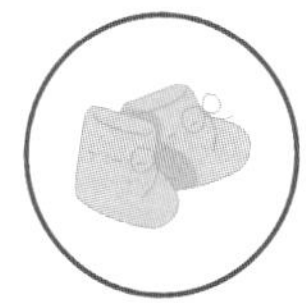

Taffarel
(Cláudio André Mergen Taffarel)
* 08/05/1966

"Sai que é sua, Taffarel!" O bordão criado por Galvão Bueno, "locutor oficial" da seleção brasileira, é uma das expressões que ultrapassaram a barreira do meio esportivo e dá uma idéia da dimensão de Taffarel no futebol.

Taffarel foi o goleiro que garantiu o tetracampeonato ao Brasil na Copa do Mundo de 94 ao defender um pênalti na final contra a Itália. Foi também o primeiro goleiro brasileiro a fazer sucesso na Europa.

Iniciou a carreira no Internacional de Porto Alegre e jogou também no Parma e Reggiana, na Itália.

Posição: Goleiro
Clubes/Principais Títulos: Parma (Itália) – Copa da Itália (1992), Recopa (1993); Atlético-MG – Campeonato Mineiro (1995), Copa Conmebol (1997); Galatasaray (Turquia) – Copa da UEFA (2000), Supercopa da Europa (2000)
Seleção Brasileira: Copa América (1989 e 1997); Copa do Mundo (1994)
Jogos pela seleção: 108
Gols sofridos na seleção: 73 (alguns mais sofridos do que outros)

Passeio completo

Lembra daquela propaganda de um fabricante de tv que afirma que os japoneses daquela marca são os mais criativos? Pois bem, é mais ou menos assim que nós, brasileiros, pensamos em relação aos nossos jogadores de futebol, mas existe vida inteligente fora do futebol brasileiro e é bom levar em consideração. Então, vamos lá; saiba um pouco destes craques que por algum descuido do destino nasceram fora do Brasil.

Zidane
(Yazid Zinedine Zidane)
* 23/06/1972
País: França / Meia atacante

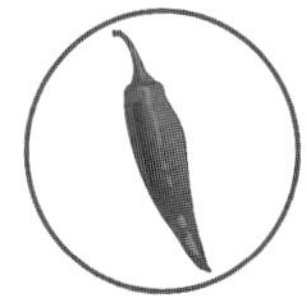

Foi o grande herói da seleção da França na Copa de 98. Na final contra o Brasil, marcou dois gols na vitória por 3 X 0 e garantiu a taça. Foi eleito três vezes pela Fifa o melhor jogador do mundo (1998, 2000 e 2003), feito só igualado por Ronaldo Fenômeno. Zidane foi eleito também o melhor jogador europeu dos últimos 50 anos pela Uefa, na comemoração dos 100 anos da entidade.

Os jornalistas esportivos sempre se referiram a Zidane como um craque "cerebral", mesmo antes da "cabeçada" que ele deu em Materazzi, jogador da Seleção Italiana na final da Copa de 2006. O que eles queriam dizer é que ele tinha uma excelente visão de jogo, além de chutes fortes e precisos.

Zidane marcou época como jogador da Juventus, ganhando vários títulos, inclusive o Mundial Interclubes. Em 2001, o Real Madrid, time onde ele encerrou sua carreira em 2006, contratou o craque por US$ 64 milhões, uma das mais caras transações do futebol.

Mesmo reconhecendo todo o talento de Zidane, não dá pra negar que ficamos felizes na Copa de 2002, quando ele voltou para casa sem marcar um mísero golzinho depois de ter feito dois na final de 1998. Pena que em 2006 ele deu o troco e o passe para Henry fazer o gol que tirou nossa Seleção da Copa da Alemanha.

Roberto Baggio
(Roberto Baggio)
*18/02/1967
País: Itália / Meia Atacante

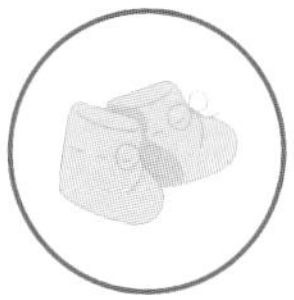

Roberto Baggio é o mais brasileiro dos jogadores italianos. Quando começou a jogar, alguém sempre perguntava se ele era brasileiro, por causa da sua habilidade com a bola. Com certeza, devem ter perguntado também quando ele chutou para fora o pênalti que deu ao Brasil o tetracampeonato na Copa de 94.

Baggio jogou nos principais clubes italianos. Começou sua carreira no Vicenza, em 1985; foi para o Fiorentina, onde jogou cinco temporadas. No Juventus conquistou um Scudetto (o principal campeonato italiano), uma Copa da Itália e uma Copa da Uefa. Foi eleito pela Fifa, em 1993, o melhor jogador do mundo.

Em 1995, transferiu-se para o Milan, vencendo mais um Scudetto. Após uma breve passagem pelo Bologna, foi para o Internazionale de Milão. Aposentou-se dos gramados no final da temporada 2004/2005.

Franz Beckenbauer
* 11/09/1945
País: Alemanha / Meia Atacante

Determinado, competente, elegante e lutador, estes são os adjetivos mais utilizados para definir Beckenbauer. Começou a carreira no Bayern de Munique, onde jogou por 11 anos; jogou também no Cosmos dos EUA e no Hamburgo, da Alemanha. Na Copa de 70, jogou a maior parte da semifinal com o ombro fraturado e imobilizado, dando ao mundo um exemplo de dedicação e superação. Mas, apesar do esforço, precisou esperar quatro anos para que, na copa de 74, sua seleção fosse campeã.

Beckenbauer também venceu uma copa como treinador em 1990, na Itália, igualando o feito do nosso grande Zagallo. (Lembra de Zagallo? Não? Dá uma olhada no capítulo 4, então.)

Maradona
(Diego Armando Maradona)
* 30/10/1960
País: Argentina / Atacante

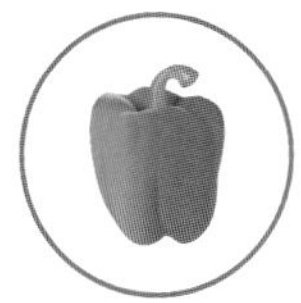

Qual brasileiro não conhece Maradona? Maradona é aquele jogador que os argentinos sabem que é o segundo melhor jogador de todos os tempos, mas insistem em dizer que é o melhor.

Maradona começou a carreira na Argentina, jogando no Argentino Juniors e no Boca Juniors, seu time do coração. Depois, transferiu-se para a Europa e brilhou no Napoli da Itália, levando o clube a faturar duas vezes o título nacional da Itália e uma vez a Copa da Uefa.

Com a Seleção Argentina, participou de quatro Copas do Mundo, teve atuações memoráveis e um papel importantíssimo na conquista do bicampeonato em 1986. Em 1990, levou sua equipe novamente à final, desta vez perdendo o tricampeonato para os alemães. Mas Maradona não foi sempre um príncipe encantado e, na sua quarta Copa, em 1994, depois de um período negro envolvido com drogas, foi pego no exame antidopping e encerrou sua história em Copas do Mundo.

Se nenhum zagueiro conseguiu parar Maradona, foram as drogas que acabaram com a carreira do segundo melhor jogador de futebol de todos os tempos, que luta até os dias de hoje contra o vício.

Figo
(Luis Filipe Madeira Caeiro Figo)
* 04/11/1972
País: Portugal / Atacante

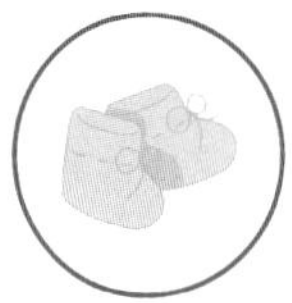

É bem verdade que Figo tem lindos olhos pretos, mas com certeza não foi esta qualidade que contribuiu para ele ser eleito o melhor jogador do mundo pela Fifa em 2001. Seus passes precisos e seu estilo refinado devem ter contribuído mais para esta conquista, sem falar no título da liga espanhola, pelo Real Madrid, time que defendeu por cinco anos.

Na Seleção Portuguesa principal não conseguiu repetir o sucesso das seleções sub-16 e sub-18, quando foi campeão europeu, e da seleção sub-20 campeã mundial em 1991. O melhor resultado da seleção principal foi o vice-campeonato da Eurocopa, em 2004, com a ajuda do nosso Felipão.

Beckham
(David Robert Joseph Beckham)
* 02/05/1975
País: Inglaterra / Meia

Antes de qualquer coisa, uma advertência: se estiver em uma roda predominantemente masculina discutindo futebol e surgir o tema grandes jogadores, mesmo que você conheça muito de futebol, não cite de cara o nome de David Beckham. Não que ele seja um perna-de-pau, longe disso, mas sua beleza o condena, e todos vão julgar que esta é a única qualidade que você admira no garoto.

Apesar de tão vaidoso, tão bonito e tão elegante, o inglês David Beckham é um craque, embora muitos homens, por preconceito, não gostem de admitir. Em 1999 ficou em segundo lugar na eleição da Fifa do melhor jogador do mundo, perdendo apenas para o brasileiro Rivaldo.

Capitão da Seleção Inglesa, destaca-se pelos precisos lançamentos longos e cobranças de falta. Iniciou a carreira no Manchester United da Inglaterra e, em 2003, passou a fazer parte do elenco estrelar do Real Madrid, da Espanha, onde ficou até 2006, quando se transferiu para Hollywood, digo, para o Los Angeles Galaxy, time americano.

Cruyff
(Johannes Cruyff)
* 25/04/1947
País: Holanda / Meia atacante

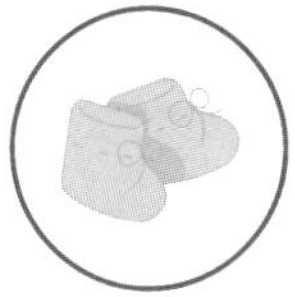

Cruyff foi um dos jogadores que mais contribuíram para mudar o conceito de jogar futebol. Corria o campo todo e era muito habilidoso. Participou da Seleção Holandesa apelidada de Carrossel Holandês, vice-campeã na Copa de 1974. Se você pensou que eles receberam este nome porque rodavam em campo, pode comemorar, você acertou! Nesta seleção, os jogadores não tinham posição fixa e todos rodavam em busca do melhor posicionamento, e Cruyff contribuiu muito para isso.

Começou a carreira no Ajax da Holanda, levado pela mãe (um grande estímulo para levarmos mais a sério o gosto dos nossos filhos e filhas pelo futebol). Jogou também pelo Barcelona, da Espanha. Foi eleito o melhor jogador da Europa nos anos de 1971, 1973 e 1974.

Capítulo 6

Os Cavaleiros da Távola Redonda, ou a Seleção Brasileira e os grandes times de futebol

Os Cavaleiros da Távola Redonda eram 12; reuniam-se em volta de uma mesa redonda e defendiam o reinado do Rei Arthur. Os nossos Cavaleiros são 11; reúnem-se em volta de uma bola e defendem com igual heroísmo as cores dos seus times.

Estas cores podem representar uma nação, como o verde e amarelo da nossa Seleção, ou simplesmente constituir uma nação que existe apenas no imaginário dos seus torcedores, como a "nação corinthiana" ou a "nação rubro-negra" (torcedores do Corinthians e do Flamengo, respectivamente), para citar apenas as duas maiores torcidas brasileiras.

No Brasil, torcer por um time é quase como carteira de identidade; as pessoas estranham quando alguém responde que não tem um time do coração. Mas até estes seres estranhos já nascem torcedores da Seleção Brasileira. A prova disso são os enxovais de bebês que, de quatro em quatro anos, são acrescidos de um item indispensável: a versão bebê da camisa da Seleção Brasileira.

Pretinho Básico

"A nossa mais perfeita tradução": a Seleção Brasileira de Futebol

Mais que um time de futebol, a Seleção Brasileira é uma espécie de cordão umbilical que liga todos os brasileiros. Poucas coisas conseguem mobilizar tanto o nosso país como os jogos do Brasil na Copa do Mundo.

De quatro em quatro anos o ritual é mais ou menos o mesmo: o técnico da Seleção Brasileira divulga a lista dos 23 jogadores convocados para representar o nosso país na Copa. É a senha para disparar aquela discussão. Tem sempre algum jogador que deveria fazer parte da lista e foi esquecido ou aquele que ninguém convocaria e está presente na fatídica lista.

A Seleção se reúne e embarca levando junto à expectativa de 180 milhões de brasileiros, sabendo que a derrota significa luto nacional e a vitória é quase um "felizes para sempre"; quase, não esqueça que o ritual se repete a cada quatro anos.

Esporte Fino

Vamos fazer uma retrospectiva de alguns dos "melhores e piores momentos" da história da Seleção Brasileira através dos seus uniformes (a roupa de jogo).

"A primeira camisa a gente nunca esquece"! Era branca com gola pólo e fechamento com cordão. As mangas eram longas com uma faixa azul e os calções brancos. Meiões pretos com detalhes amarelos completavam o visual dos jogadores, quase todos com cabelos espichados graças a toneladas de Gumex (o gel daquela época):

- 21 de julho de 1914: O primeiro jogo contra um time inglês, o Exeter City FC. O Brasil venceu por 2 X 0.
- 27 de setembro de 1914: A primeira participação e também a primeira vitória em uma competição no exterior, a Taça Roca, um torneio entre as Seleções da Argentina e do Brasil.

A segunda camisa foi a única listrada na história da Seleção; as listas verticais verdes e amarelas eram a única diferença da versão anterior. Foram mantidos os calções brancos e os meiões eram verdes. Nenhum sinal de melhora nos cabelos.

- 1916: A primeira competição sul-americana e nosso primeiro vice-campeonato (argh!). A competição foi vencida pelo Uruguai.

Volta a camisa branca que, com pequenas variações, seria mantida até a Copa de 50. Nesta versão a gola fica azul e some o detalhe da manga. Calções azuis, meiões pretos e ainda os horripilantes cabelos espichados.

- 11 de maio de 1919: O primeiro título sul-americano. A competição foi realizada no Rio de Janeiro.

A estréia em Copas do Mundo foi com o uniforme todo branco, inclusive os meiões, com pequenos detalhes azuis na gola pólo e na barra da manga. Os cabelos davam algum sinal de evolução e nas fotos oficiais poucos apresentavam o estilo esticado-Gumex.

- 1930: A primeira Copa do Mundo. Apesar do belo figurino, o destaque nesta primeira participação do Brasil em Copas foi a insuportável vocação dos dirigentes brasileiros para a desorganização. Como não conseguiram superar a rivalidade Rio-São Paulo, deixaram os jogadores paulistas de fora da Seleção, perdendo a oportunidade de formar um grande time e, conseqüentemente, perdendo a Copa logo na primeira fase da competição.
- 1934: Com pequenas variações, repetimos o uniforme e a desorganização. O resultado foi o pior da nossa história – 14º lugar. Ainda bem que nunca mais repetimos o uniforme e a classificação.

Para a Copa de 38, a camisa ganhou uma versão que substituía a gola pólo por uma moderna gola "v", mantendo o restante do visual.

- 1938: Nova versão da camisa e novos ares em campo: conseguimos a 3ª colocação, com direito a show de Leônidas da Silva. Na volta pra casa, muita festa da torcida. Nesta época éramos menos exigentes.

Já em 1950, para a Copa no Brasil, a camisa da Seleção retorna ao visual mais comportado com a conhecida gola pólo azul. Os cabelos continuaram a escalada em direção a uma estética mais palatável.

- 1950: A primeira final, e, de tabela, a primeira tragédia em Copas do Mundo, com direito ao Maracanã lotado e alagado de lágrimas dos torcedores no final do jogo contra o Uruguai. Perdemos pelo placar de 2 X 1 e a frase "time cheio de craque ajuda, mas não garante vitória" iniciou sua trajetória no futebol brasileiro.

Depois da decepção da Copa de 50, a superstição falou mais alto e o branco da camisa foi abandonado. A Copa de 54 marca a estréia da cor amarela no uniforme da Seleção Brasileira. Quatro anos depois, enfim, a amarelinha mostrou sua força! O *look* era o mesmo de 1954, o detalhe estava nos calções: bem curtos, estilo shortinho. Na partida final, um contratempo: a Seleção precisou usar camisas azuis. Dizem que foram compradas de última hora, o que parece coisa de mulher, já que de trocar o figurino na última hora nós entendemos bem...

- 1958: A Seleção consegue o direito de valorizar seu modelito com a primeira estrela em sua camisa sendo campeã da Copa do Mundo na Suécia. Podemos anotar também a primeira vitória da organização sobre a bagunça que imperava na preparação da Seleção Brasileira para as Copas do Mundo. Pelé, com apenas 17 anos, participa de sua primeira Copa e junto com Garrincha revela para o mundo o jeito brasileiro de jogar futebol.

- 1962: Continuamos com o mesmo modelito, mas agora a Seleção conquista o bicampeonato mundial e o direito de enriquecer a camisa com mais uma estrela. Pelé, machucado na segunda partida, deu lugar à grande apresentação "solo" de Garrincha, que é considerado o principal responsável pela conquista da segunda estrelinha.

- 1966: Uma Copa para esquecer. Preparação tumultuada, Pelé "caçado" em campo e Garrincha sem condições físicas. Resultado: voltamos para casa na 11ª colocação.

O amarelo da camisa fica mais vibrante e a gola pólo é substituída por um friso verde, também utilizado na manga. Os calções azuis, ainda bem curtinhos, ganham frisos brancos nas laterais. Esta camisa faz sucesso até hoje em lojas do mundo todo como peça "retrô" e serviu de inspiração para o uniforme da Copa de 2006.

- 1970: A Seleção conquista a terceira estrela com o tricampeonato na Copa do México. Pelé mais uma vez tem uma participação sublime. Pelé e todo o time brasileiro, uma das melhores seleções de todos os tempos, com jogadores como Tostão, Rivellino, Gérson e Carlos Alberto.

A camisa ganha uma pequena alteração no escudo e os calções azuis, agora mais apertados, quase comprometem a estética do novo visual. Os cabelos abandonam os penteados quase padronizados e cada jogador exibe seu estilo de corte.

- 1982: Na Copa da Espanha, a Seleção Brasileira encantava o mundo, e principalmente os brasileiros, com jogadores como Zico, Falcão e Sócrates. Comandada pelo técnico Telê Santana, era praticamente a campeã da competição. Era; faltou avisar aos italianos, que venceram o jogo, só restando aos brasileiros arrumar as malas e voltar para o Brasil.

- 1989: O Brasil é campeão da Copa América (antiga Sul-Americana) pela quarta vez em casa. O último título na competição havia sido há 40 anos, e, assim como nos outros três, conquistado no Brasil. Parece que as rezas, macumbas e dedos cruzados nos nossos estádios funcionavam!

Começa a era das camisas tecnológicas e, no caso do Brasil, também de muitas novidades. Depois de um longo período que podemos chamar de conservador, onde as alterações no uniforme se resumiam praticamente ao estilo da gola, a Seleção Brasileira ganhou um visual que podemos chamar de *fashion*. As cores da camisa e do calção ganharam brilho e a camisa recebeu estampas tipo marca d´água. O tecido também sofreu uma mudança radical, ficando mais leve e com melhor caimento. Os calções ficaram mais largos e compridos e, convenhamos, mais apropriados para o esporte.

- 1994: Para completar a mudança radical no visual, nada melhor do que mais uma estrela. Na Copa do Mundo dos Estados Unidos conseguimos o tetracampeonato e a quarta estrela. Foi a Copa de Romário e principalmente do técnico Carlos Alberto Parreira que, suportando um tsunami de críticas, conseguiu tirar o Brasil de um jejum de 24 anos sem vencer uma Copa do Mundo.

- 1997: Mais uma Copa América, dessa vez com gostinho especial. Vencendo a altitude da Bolívia e a seleção local na final, a amarelinha ganhou seu primeiro título fora do país na Copa América. Ainda neste ano a Seleção conquista a primeira edição oficial da Copa das Confederações organizada pela Fifa, com direito a goleada de 6 X 0 sobre a Austrália na final.

A tecnologia continua comandando a moda dos uniformes. A camisa da Seleção volta a seguir uma linha mais tradicional. Desaparecem as estampas e ela ganha detalhes verdes na gola e nas barras das mangas, além de frisos nos ombros. Os calções mantêm a tendência de largos e mais compridos. Os cabelos são quase um item de identificação dos jogadores. "Cabelo raspadinho, estilo Ronaldinho..."

- 1998: A Seleção perde sua segunda final em Copas do Mundo. Tínhamos Ronaldo, o melhor jogador do mundo eleito pela Fifa, e a certeza de que bastava entrar em campo que a quinta estrela estaria garantida. Não estava. Foi preciso esperar por um novo modelo de camisa.

- 1999: Apesar de desacreditada, a Seleção estréia na Copa América de 1999 com uma goleada de 7 X 0 sobre a Venezuela, com direito a gol histórico de Ronaldinho Gaúcho e, no embalo, conquista o título pela sexta vez.

Não se sabe qual a explicação, mas na Copa seguinte a camisa da Seleção ganha verdadeiras barbatanas nas laterais e junto à gola. Os calções continuaram azuis, com um detalhe branco que lembrava as fraldas das crianças aparecendo sob as roupinhas. Os cabelos, cada dia mais personalizados.

- 2002: Enfim, a quinta estrela! Depois de um período tumultuado, com a troca de quatro técnicos, e uma campanha nas eliminatórias (torneio que classifica as seleções para a Copa do Mundo) beirando a catástrofe, a Seleção comandada pelo técnico Luiz Felipe Scolari, apesar do visual controvertido, fez sucesso na Copa da Coréia e Japão, vencendo as sete partidas. Ronaldo foi o artilheiro da competição e o Brasil se tornou pentacampeão do mundo. Ainda bem que a beleza do uniforme não valia pontos.

- 2004: Você conhece a expressão "no último minuto do segundo tempo"? Parece que foi criada para a partida final da Copa América 2004. A Seleção Brasileira perdia para a Argentina quando, segundos antes de o juiz apitar o final do jogo, Adriano fez o gol de empate e a decisão do título foi para a disputa de pênaltis. Não deu outra, fomos campeões. E, justiça seja feita, o modelo da camisa era sem graça, mas que dava muita sorte é inegável.

- 2005: Imagine a primeira vez que lhe perguntam a resposta da seguinte charadinha infantil: uma casa tem quatro cantos, cada canto tem um gato, cada gato vê três gatos. Quantos gatos tem? Foi assim que os argentinos se sentiram durante o jogo final da Copa das Confederações de 2005. Neste jogo, Ronaldinho Gaúcho, Kaká, Robinho e Adriano formaram o tal "quadrado mágico" que deu uma aula de futebol aos nossos *hermanitos* e foram campeões.

Volta às origens. Em 2006, a camisa da Seleção Brasileira resgata a elegância e sobriedade da década de 70; a camisa ganha corte mais ajustado e desenho exclusivo, como merece a melhor Seleção do mundo.

- 2006: Apesar do belo visual, o desempenho em campo deixou muito a desejar; perdemos mais uma vez para a Seleção da França e voltamos para casa com um modesto quinto lugar. Talvez nesta Copa fosse melhor disputar a competição com a estética do uniforme.

- 2007: Depois de uma conturbada renovação de elenco e do bombardeamento ao novo técnico Dunga, a Seleção Brasileira conquista a Copa América em cima da Argentina, ou seja, sundae com direito a cereja no topo. E o melhor, foram três seguidos: Copa América (2004 e 2007) e Copa das Confederações (2005).

Passeio Completo

As cores do coração: Os Grandes Times Brasileiros

Rubro-negro, alvi-negro, alvi-verde, não importam as cores; quando alguém escolhe um time para "amar e respeitar até que a morte os separe", estas cores representam as cores de sua paixão. Chega-se ao extremo de ignorar a moda para não vestir uma roupa que tenha a cor do time rival. Claro que nós, mulheres, não cogitamos chegar a este ponto, pois sabemos perfeitamente separar moda de paixão. Quer dizer, sabemos?

Se você ainda não escolheu o seu time esta é a hora. Vamos fazer um *tour* pelos clubes através das suas cores, mas só entraram em nosso roteiro os 12 mais bem colocados no *ranking* da CBF, independente da beleza da camisa e da combinação de cores.

PRETO E BRANCO

Clube de Regatas Vasco da Gama
www.crvascodagama.com
Rio de Janeiro – RJ

- Fundação: 21 de agosto de 1898
- Destaque: Foi o primeiro clube brasileiro a permitir a participação de negros e pobres como profissionais no futebol, pois até então o esporte era restrito às elites.
- Grandes Ídolos: Ademir Menezes, Roberto Dinamite e Romário
- Principais Títulos: Campeonato Brasileiro (1974, 1989, 1997 e 2000); Copa Libertadores da América (1998); Copa Mercosul (2000); Campeonato Carioca (21 vezes)

- Torcedores Famosos: Fátima Bernardes, Marcos Palmeira, Rodrigo Santoro e Carlos Drummond de Andrade

Botafogo de Futebol e Regatas
www.botafogonocoracao.com.br
Rio de Janeiro – RJ

- Fundação:12 de agosto de 1904
- Destaque: Sempre foi um dos clubes que mais cederam jogadores à Seleção Brasileira de Futebol.
- Grandes Ídolos: Didi, Nilton Santos, Jairzinho e, é claro, Garrincha
- Principais Títulos: Campeonato Brasileiro (1995); Taça do Brasil (1968); Taça Conmebol (1993); Campeonato Carioca (17 vezes)
- Torcedores Famosos: Zeca Pagodinho, Glória Menezes, Vinicius de Moraes, Marcelo Antony e Edson Celulari

Sport Club Corinthians Paulista
www.corinthians.com.br
São Paulo – SP

- Fundação: 1º de setembro de 1910
- Destaque: É o único time três vezes tricampeão paulista.
- Grandes Ídolos: Gilmar, Zé Maria, Domingos da Guia, Sócrates e Rivellino
- Principais Títulos: Mundial de Clubes da Fifa (2000); Campeonato Brasileiro (1990, 1998/99 e 2005); Copa do Brasil (1995); Campeão Paulista (24 vezes)
- Torcedores Famosos: Washington Olivetto, Hortência, Luciano Huck, Rita Lee e Airton Senna

Clube Atlético Mineiro
www.atletico.com.br
Belo Horizonte – MG

- Fundação: 25 de março de 1908
- Destaque: Foi o primeiro time brasileiro profissional a excursionar pela Europa e, mesmo jogando com temperaturas abaixo de zero, fez uma excelente campanha recebendo o título simbólico de "Campeão do Gelo".
- Grandes Ídolos: Reinaldo, Éder, Toninho Cerezo
- Principais Títulos: Campeonato Brasileiro (1971); Taça Conmebol (1992 e 1997); Campeonato Mineiro (38 vezes)
- Torcedores Famosos: Rogério Flausino, Daniella Cicarelli e Cássia Eller

Santos Futebol Clube
www.santosfc.com.br
Santos – SP

- Fundação: 14 de abril de 1912
- Destaque: Segundo o *site* da Fifa, o Santos foi o único time que superou a marca de 10.000 gols, sendo que 1.091 foram marcados por Pelé.
- Grandes Ídolos: Pelé, Pepe, Carlos Alberto, Robinho
- Principais Títulos: Mundial Interclubes (1962 e 1963); Copa Libertadores da América (1962 e 1963); Taça do Brasil

(1961/62/63/64/65); Campeonato Paulista (15 vezes); Campeonato Brasileiro (2002 e 2004)
- Torcedores Famosos: Pelé, José Roberto Torero, Supla e Paulo Miklos

VERMELHO E PRETO
Clube de Regatas do Flamengo
www.flamengo.globo.com
Rio de Janeiro – RJ

- Fundação: 15 de novembro de 1895
- Destaque: É o time de maior torcida no Rio de Janeiro e no Brasil.
- Grandes Ídolos: Zizinho, Zico e Júnior
- Principais Títulos: Mundial Interclubes (1981); Copa Libertadores da América (1981); Copa Mercosul (1999); Campeonato Carioca (28 vezes); Copa do Brasil (1990); Campeonato Brasileiro (1980, 1982, 1983, 1987 e 1992)
- Torcedores Famosos: Morais Moreira, Ronaldo Fenômeno, Ruy Castro e Gabriel O Pensador

VERDE, VERMELHO E BRANCO
Fluminense Futebol Clube
www.fluminense.com.br
Rio de Janeiro – RJ

- Fundação: 21 de julho de 1902
- Destaque: A fama de aristocrata do Fluminense vem desde a época que seus jogadores viajavam de *smoking* e o burrico que ajudava a cuidar do gramado usava luvas de pano nas patas para não estragar o campo.
- Grandes Ídolos: Telê Santana, Rivellino e Branco
- Principais Títulos: Campeonato Carioca (30 vezes), Campeonato Brasileiro (1984), Torneio Rio-São Paulo (1957 e 1960)
- Torcedores Famosos: Nelson Motta, Renato Russo, Chico Buarque e Evandro Mesquita

VERDE E BRANCO
Sociedade Esportiva Palmeiras
www.palmeiras.com.br
São Paulo – SP

- Fundação: 26 de agosto de 1914
- Destaque: É o time brasileiro que mais participou da Copa Libertadores da América (11 vezes).
- Grandes Ídolos: Ademir da Guia, Djalma Santos, Leão, Leivinha, Marcos (goleiro dos milagres)
- Principais Títulos: Copa Libertadores da América (1999); Copa Mercosul (1998); Copa do Brasil (1998); Campeonato Paulista (21 vezes); Campeonato Brasileiro (1972, 1973, 1993 e 1994)
- Torcedores Famosos: Magic Paula, Adriane Galisteu, Ana Maria Braga e José Serra

AZUL, BRANCO E PRETO

Grêmio Foot-Ball Porto Alegrense

www.gremio.net

Porto Alegre – RS

- Fundação: 15 de setembro de 1903
- Destaque: Foi o time que revelou Ronaldinho Gaúcho.
- Grandes Ídolos: Renato Gaúcho, Ronaldinho Gaúcho, Paulo Nunes, o goleiro Lara
- Principais Títulos: Mundial Interclubes (1983); Copa Libertadores da América (1983 e 1995); Copa do Brasil (1989, 1994, 1997 e 2001); Campeonato Gaúcho (34 vezes); Campeonato Brasileiro (1981 e 1996)
- Torcedores Famosos: Gisele Bündchen, Jorge Furtado e Fernanda Lima

PRETO, BRANCO E VERMELHO

São Paulo Futebol Clube

www.spfc.com.br

São Paulo – SP

- Fundação: 16 de dezembro de 1935
- Destaque: É o único time brasileiro tricampeão mundial.
- Grandes Ídolos: Leônidas da Silva, Zizinho, Raí, Rogério Ceni, Cafu, Müller
- Principais Títulos: Mundial Interclubes (1992, 1993 e 2005); Copa Libertadores da América (1992, 1993 e 2005); Campeonato Paulista (21 vezes); Campeonato Brasileiro (1986, 1991, 1997 e 2006)
- Torcedores Famosos: Angélica, Willian Bonner, Felipe Massa e Nando Reis

AZUL E BRANCO

Cruzeiro Esporte Clube

www.cruzeiro.com.br

Belo Horizonte – MG

- Fundação: 2 de janeiro de 1921
- Destaque: É o clube brasileiro que possui mais conquistas em competições oficiais organizadas pela Confederação Sul-Americana de Futebol, inclusive duas Taças Libertadores da América, de 1976 e 1997.
- Grandes Ídolos: Tostão, Dirceu Lopes, Raul, Piazza, Nelinho e Ronaldo Fenômeno
- Principais Títulos: Copa Libertadores da América (1976, 1997); Supercopa dos Campeões da Libertadores da América (1991, 1992); Campeonato Brasileiro (2003); Copa do Brasil (1993, 1996, 2000, 2003); Campeonato Mineiro (24 vezes)
- Torcedores Famosos: Samuel Rosa, Milton Nascimento, Tostão, Juscelino Kubitschek

VERMELHO E BRANCO

Sport Club Internacional
www.internacional.com.br
Porto Alegre – RS

- Fundação: 4 de abril de 1909
- Destaque: Em 1984 simplesmente o time inteiro do Inter foi convocado para representar o Brasil nas Olimpíadas daquele ano, e se saíram muito bem na competição, conquistando a medalha de prata.
- Grandes Ídolos: Taffarel, Falcão, Dunga, Carpegiani
- Principais Títulos: Campeão Brasileiro (1975, 1976, 1979); Copa do Brasil (1992); Torneio Mercosul (1996); Campeonato Gaúcho (28 vezes); Medalha de Prata nas Olimpíadas (1984)
- Torcedores Famosos: Luís Fernando Veríssimo, Daiane dos Santos, Renata Fan e Dunga

Se você não se encontrou em nenhum desses, vale lembrar que o *ranking* oficial da CBF contabiliza mais 355 clubes de futebol. Entre eles, o clube que pode ser considerado o primeiro campeão brasileiro da história vencendo o Santos de Pelé em pleno Maracanã, em 1959 (Taça Brasil). Saiba um pouco dele:

Esporte Clube Bahia
www.esporteclubebahia.com.br
Salvador – BA

- Cores: Azul, Vermelho e Branco
- Fundação: 1º de janeiro de 1931
- Grandes Ídolos: Bobô, Douglas, Beijoca
- Principais Títulos: Taça Brasil (1959); Campeonato Brasileiro (1988); Copa Norte-Nordeste (1948, 1959, 1960 e 1963); Campeonato do Nordeste (2001); Campeonato Baiano (43 vezes)
- Torcedores Famosos: Gilberto Gil, Carlinhos Brown, Caetano Veloso, Bob Fernandes

Capítulo 7

Felizes para sempre, com validade de quatro anos, ou a Copa do Mundo de Futebol

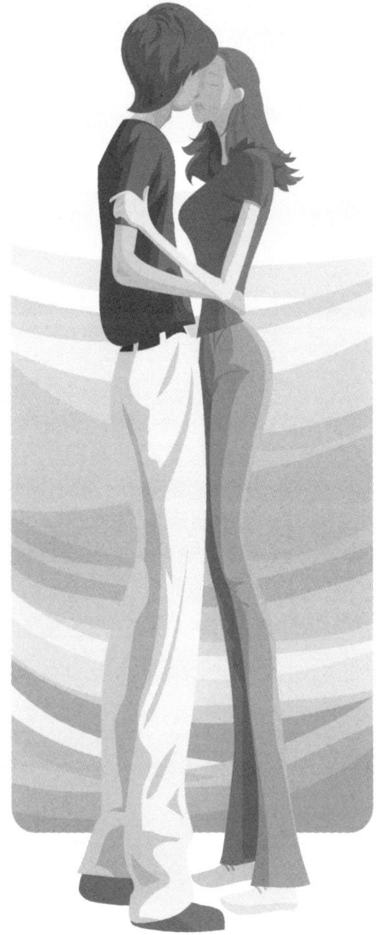

Sabe as histórias de conto de fada onde um ou mais príncipes brigam pelo amor de uma princesa e passam por várias provações, dificuldades e dragões até conquistar o beijo da princesa? Pois bem, imagine que cada Copa do Mundo é um dragão, e que de quatro em quatro anos uma legião de príncipes selecionados entre os melhores de todo o mundo disputam a preferência da princesa "Bola".

Pretinho Básico

A Copa do Mundo, ou a luta contra o dragão, se tornou realidade graças ao rei, quer dizer, ao presidente da Fifa, na época, o francês Jules Rimet.

A primeira Copa aconteceu em 1930 e o reino escolhido foi o Uruguai. Logo de cara, muitos príncipes europeus não quiseram atravessar o Atlântico de navio para disputar a Copa de 30, e de todos os convidados, apenas treze participaram: Argentina, Bélgica, Bolívia, Chile, Brasil, Estados Unidos, França, Iugoslávia, México, Paraguai, Peru, Romênia e Uruguai. Dessa vez, o Uruguai levou a melhor e foi campeão. O Brasil ficou apenas em sexto lugar.

Nas duas Copas seguintes, realizadas nos reinos da Itália, em 1934, e da França, em 1938, o ditador italiano Benito Mussolini foi bem claro com seus príncipes: era vencer ou sofrer as conseqüências. Os príncipes italianos, muito obedientes (e quem não seria?), cumpriram as ordens do ditador e ganharam o direito de beijar a princesa, digo, levantar a taça de campeão, duas vezes seguidas.

Depois de ser interrompida por causa da Segunda Guerra Mundial, a Copa do Mundo voltou a ser disputada, desta vez no reino do Brasil, em 1950. Estava tudo pronto para nossa primeira conquista, mas esqueceram que antes precisavam vencer os adversários. A partida final foi contra o Uruguai, que se mostrou um péssimo visitante: venceu o jogo e calou os 200 mil convidados no nosso castelo Maracanã, especialmente construído para a festa.

De lá pra cá, mais 14 dragões foram vencidos, somando 18 edições da Copa do Mundo de Futebol. Quinze países já se tornaram o reino encantado da princesa "Bola" e 76 nações já participaram da competição. Em 2006, foi realizada a 18ª Copa do Mundo, na Alemanha.

Esporte Fino

A Copa de Mundo de Futebol é realmente uma das maiores festas do esporte em todo o mundo. O Brasil, país do futebol, se transforma e mesmo quem não entende tanto do esporte embarca na festa. Agora, convenhamos, melhor do que apenas torcer pelo gol (e esperar que os outros gritem pra ter certeza se foi realmente gol), servir salgadinho e pegar as bebidas durante os jogos é participar das discussões intermináveis. Nada melhor do que entender e não precisar ouvir aquelas respostas atravessadas no meio dos jogos. Comece aprendendo o regulamento da competição.

O que é?

É um torneio mundial de futebol promovido pela Fifa, a Federação Internacional de Futebol, e acontece de quatro em quatro anos.

Quem joga?

As seleções nacionais dos países filiados à Fifa.

Como são 204 filiados e só há 32 vagas, as seleções precisam se habilitar através dos torneios classificatórios, as Eliminatórias da Copa. Estes torneios classificatórios são organizados por continentes e cada seleção só pode participar do torneio do seu continente, logicamente. O detalhe é que, enquanto as 204 seleções estão se digladiando por uma vaguinha, a seleção do país onde acontecerá a Copa está de pernas para o ar rindo de todo mundo, pois tem vaga garantida por ser a anfitriã.

Como é?

As 32 seleções, classificadas através das competições eliminatórias, são divididas em oito grupos de quatro times. Os grupos são identificados pelas letras A, B, C, D, E, F, G e H. A composição desses grupos é decidida por sorteio, que define também os confrontos seguintes da competição.

O detalhe na composição dos grupos é que em cada um deles uma seleção é definida como "cabeça de chave". Recebem essa honraria a seleção campeã da Copa anterior, a anfitriã e mais seis seleções consideradas favoritas para vencer a competição segundo os critérios da Fifa. Para assegurar que cada grupo tenha uma seleção cabeça de chave, primeiro é feito o sorteio destas seleções, e depois das outras três seleções que completarão os grupos.

Por que o nome "cabeça de chave"?
Cabeça porque é a melhorzinha e chave porque é um outro nome dado para grupo, ou seja, a melhorzinha do grupo!

Para alcançar o "felizes para sempre por quatro anos" as seleções precisam superar cinco fases:

Fase de Grupos

Dentro de cada grupo, as quatro seleções jogam todas contra todas. Vitória vale três pontos, empate vale um ponto. As duas seleções que somarem mais pontos se classificam para a fase seguinte. Se houver algum empate em número de pontos, o primeiro critério de desempate será pelo saldo de gols (diferença entre gols marcados e gols sofridos).

Todas as fases seguintes são compostas de apenas um jogo eliminatório, o chamado mata-mata. Vitória, segue na competição; derrota, volta para casa. Se no final dos dois tempos o jogo estiver empatado, será disputada uma prorrogação de meia hora, com dois tempos de 15 minutos cada. Caso o empate persista, o vencedor será conhecido na disputa por pênaltis. Se o nome "pênalti" para você é uma marca de tênis, dá uma olhada na regra 14, no capítulo 3.

Oitavas-de-Final

As 16 seleções classificadas na fase de grupos se enfrentam de acordo com a tabela definida para a competição. Esta tabela é aquela mesma do sorteio que definiu os grupos. Se você nunca viu uma tabela de Copa do Mundo, vale a pena dar uma olhada. É aquele gráfico cheio de quadrinhos escrito "time 1 do grupo B", "time 2 do grupo A" etc.

Os perdedores destes confrontos já sabem: arrumam a mala e voltam pra casa.

Quartas-de-Final

Os oito vencedores das partidas das oitavas-de-final seguem na busca da felicidade e realizam mais um duelo para definir quem segue lutando e quem arruma a mala e segue o roteiro do "amargo regresso" para casa.

Semi-Final

Os quatro vencedores de cada partida das quartas-de-final se enfrentam, seguindo o previsto na danada da tabelinha. Os perdedores das semi-finais escapam de voltar pra casa mais cedo, pois vão disputar o terceiro lugar; os vencedores partem em direção ao grande duelo final.

Terceiro Lugar

Os perdedores das duas semi-finais se enfrentam para decidir o terceiro lugar. Mas, sabe como é... eles não ganham o terceiro lugar, eles perdem o primeiro. E, de quebra, o segundo!

Final

Os dois vencedores das semi-finais conquistam a chance de participar do grande duelo final. A seleção vencedora provocará, como num passe de mágica, uma grande festa em seu país de origem, será a manchete dos principais jornais do mundo todo e ganhará o direito de beijar a princesa, digo, a taça, e de enfeitar a camisa com uma estrela. Será o campeão do mundo, até a próxima Copa.

Passeio Completo

Para quem gosta de números, nomes, datas e detalhes, esse passeio está completíssimo. Vamos fazer uma viagem no tempo, parando de quatro em quatro anos, sem esquecer de conferir o que se levava na mala para assistir aos jogos.

Boa viagem!

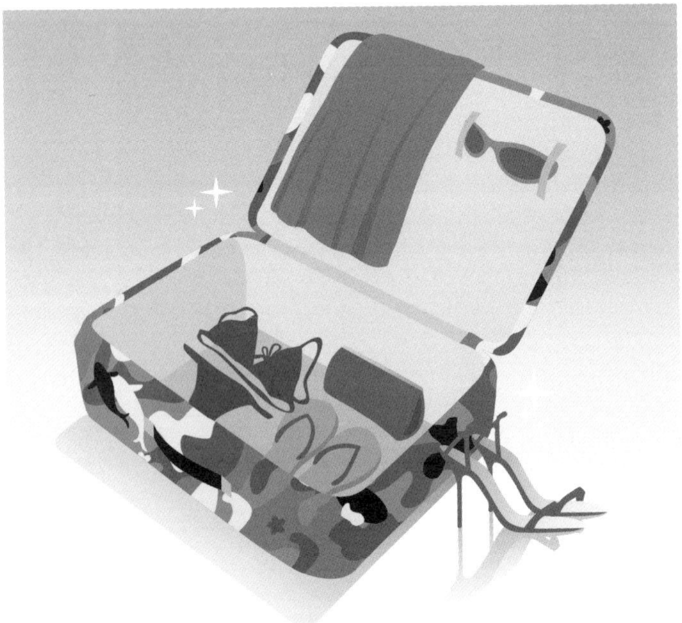

PRIMEIRA PARADA: DÉCADA DE 30

COPA DO MUNDO – 1930	
Onde?	Uruguai
Quantos participaram?	13
Quem foi pra final?	Uruguai X Argentina
Quem foi campeão?	Uruguai
O craque da Copa	Guillermo Sábile, da Argentina
A colocação do Brasil	6º lugar

COPA DO MUNDO – 1934	
Onde?	Itália
Quantos participaram?	16
Quem foi pra final?	Itália X Tchecoslováquia
Quem foi campeão?	Itália
O craque da Copa	Giuseppe Meazza, da Itália
A colocação do Brasil	14º lugar

COPA DO MUNDO – 1938	
Onde?	França
Quantos participaram?	15
Quem foi pra final?	Itália X Hungria
Quem foi campeão?	Itália
O craque da Copa	Leônidas da Silva, do Brasil
A colocação do Brasil	3º lugar

RAIO X DA MALA

O mundo vivia uma crise econômica provocada pela queda da Bolsa de Nova York e, em época de crises, os materiais mais baratos eram mais usados, até em vestidos de noite. Nada de brilho e ostentação.

Na mala, vestidos justos e retos, de preferência em algodão, casimira ou tecidos sintéticos e as saias mais longas.

Para sair à noite, arrasavam os vestidos com decotes profundos nas costas.

O esporte estava na moda, saiotes e shorts eram indispensáveis.

O presente para as crianças era complicado: as frágeis bonecas de porcelana ou as pesadas bolas de couro.

SEGUNDA PARADA: DÉCADA DE 50

COPA DO MUNDO – 1950

Onde?	Brasil
Quantos participaram?	13
Quem foi pra final?	Brasil X Uruguai
Quem foi campeão?	Uruguai
O craque da Copa	Ademir Menezes "Queixada", do Brasil
A colocação do Brasil	2° lugar

COPA DO MUNDO – 1954

Onde?	Suíça
Quantos participaram?	16
Quem foi pra final?	Alemanha Ocidental X Hungria
Quem foi campeão?	Alemanha Ocidental
O craque da Copa	Puskas, da Hungria
A colocação do Brasil	5° lugar

COPA DO MUNDO – 1958

Onde?	Suécia
Quantos participaram?	16
Quem foi pra final?	Brasil X Suécia
Quem foi campeão?	Brasil
O craque da Copa	Didi, do Brasil
A colocação do Brasil	1° lugar

RAIO X DA MALA

Com o fim dos anos da guerra, a mala estava cheia de roupas mais femininas e glamourosas.

Era necessária uma mala bem grande para os metros e metros de tecido dos vestidos amplos e sofisticados de cintura bem marcada e das saias rodadas.

A maquiagem também estava na moda, valorizando principalmente o olhar, uma variedade imensa de rímels, delineadores e lápis de olhos.

Indispensável: o recém-lançado perfume Chanel n° 5.

O presente das crianças ficou um pouco mais fácil. As bonecas já eram fabricadas em borracha e plástico, mas as bolas continuavam pesadas, fabricadas pela Superball.

TERCEIRA PARADA: DÉCADA DE 60

COPA DO MUNDO – 1962

Onde?	Chile
Quantos participaram?	16
Quem foi pra final?	Brasil X Tchecoslováquia
Quem foi campeão?	Brasil
O craque da Copa	Garrincha, do Brasil
A colocação do Brasil	1° lugar

COPA DO MUNDO – 1966

Onde?	Inglaterra
Quantos participaram?	16
Quem foi pra final?	Alemanha Ocidental X Inglaterra
Quem foi campeão?	Inglaterra
O craque da Copa	Bobby Charlton, da Inglaterra
A colocação do Brasil	11° lugar

RAIO X DA MALA

A nova década teve grandes mudanças iniciadas com o sucesso do *rock and roll* e do rebolado frenético de Elvis Presley.

As saias rodadas estilo Dior foram esquecidas e as calças *cigarette* apareceram, mas a moda mesmo era não seguir a moda, o que representava claramente um sinal de liberdade.

Indispensável: a grande vedete dos anos 60, a minissaia.

Na volta para casa o presente ideal para trazer às meninas era a boneca Barbie, lançada na Feira Anual de Brinquedos de NY, em 1959. Para os meninos, o mascote da Copa de 66, uma novidade nos eventos esportivos, era o leão Willie, vestido com as cores da Inglaterra.

QUARTA PARADA: DÉCADA DE 70

COPA DO MUNDO – 1970

Onde?	México
Quantos participaram?	16
Quem foi pra final?	Brasil X Itália
Quem foi campeão?	Brasil
O craque da Copa	Pelé, do Brasil
A colocação do Brasil	1° lugar

COPA DO MUNDO – 1974

Onde?	Alemanha Ocidental
Quantos participaram?	16
Quem foi pra final?	Alemanha Ocidental X Holanda
Quem foi campeão?	Alemanha Ocidental
O craque da Copa	Cruyff, da Holanda
A colocação do Brasil	4° lugar

COPA DO MUNDO – 1978

Onde?	Argentina
Quantos participaram?	16
Quem foi pra final?	Argentina X Holanda
Quem foi campeão?	Argentina
O craque da Copa	Kempes, da Argentina
A colocação do Brasil	3° lugar

RAIO X DA MALA

O estilo da mala era *hippie* e romântica, a moda característica dos anos 70.

Túnicas indianas, estampas florais e símbolos da paz eram misturados ao básico americano, como o *jeans* e a camiseta.

Indispensável: saias e calças de cintura baixa com cintos largos, bolas de crochê, ou com franja, sandálias plataformas, colares de contas, miçangas etc.

As meninas eram presenteadas com a Barbie acompanhada do Ken, encarnando a versão John Travolta no melhor estilo do filme "Embalos de sábado à noite". Os meninos estavam fascinados com a nova bola Telstar, da Adidas, com cores e desenhos inovadores.

QUINTA PARADA: DÉCADA DE 80

COPA DO MUNDO – 1982

Onde?	Espanha
Quantos participaram?	24
Quem foi pra final?	Alemanha Ocidental X Itália
Quem foi campeão?	Itália
O craque da Copa	Paolo Rossi, da Itália
A colocação do Brasil	5° lugar

COPA DO MUNDO – 1986

Onde?	México
Quantos participaram?	24
Quem foi pra final?	Alemanha Ocidental X Argentina
Quem foi campeão?	Argentina
O craque da Copa	Maradona, da Argentina
A colocação do Brasil	5° lugar

RAIO X DA MALA

Os traços marcantes do momento eram estampas de oncinha, cores cítricas, ombros largos, pernas longas, cortes de cabelo assimétricos e acessórios "fake" convivendo com discretos *tailleurs* e roupas de moletom e *cotton-lycra* recém-saídas das academias.

O pretinho fazia sucesso, pois além de prático tinha o efeito de "emagrecer as pessoas", o que certamente contribuiu para ser a cor símbolo desta época.

Indispensável: novos tecidos davam um tom de modernidade, especialmente a microfibra e o *stretch*, adotado com entusiasmo pela tribo do "culto ao corpo" em suas roupas coladas (segunda pele).

Não tinha erro nos presentes das crianças, a Barbie com roupas de academia e muito brilho nos lábios ou a bola Tango Espanha, lançada na Copa de 82. Na época não sabiam, mas esta bola virou relíquia por ser a última bola de couro usada numa Copa.

SEXTA PARADA: DÉCADA DE 90

COPA DO MUNDO – 1990

Onde?	Itália
Quantos participaram?	24
Quem foi pra final?	Alemanha X Argentina
Quem foi campeão?	Alemanha
O craque da Copa	Schillaci, da Itália
A colocação do Brasil	9° lugar

COPA DO MUNDO – 1994

Onde?	Estados Unidos
Quantos participaram?	24
Quem foi pra final?	Brasil X Itália
Quem foi campeão?	Brasil
O craque da Copa	Romário, do Brasil
A colocação do Brasil	1° lugar

COPA DO MUNDO – 1998

Onde?	França
Quantos participaram?	32
Quem foi pra final?	Brasil X França
Quem foi campeão?	França
O craque da Copa	Ronaldo, do Brasil
A colocação do Brasil	2° lugar

RAIO X DA MALA

A moda era grunge, com peças sobrepostas, roupas *oversized* e a horrorosa camisa de flanela xadrez que nunca deveria ter saído de casa.

Era uma moda jovem, ousada e irreverente, que adquiriu o caráter de mistura. Já era a moda globalizada.

A preocupação com o meio ambiente começou a influenciar a criação dos estilistas famosos, portanto, era indispensável alguma peça no estilo "viva a natureza".

De presente, a nova Barbie tinha roupas cada vez mais sofisticadas, ganhou uma Ferrari, se candidatou à presidência dos Estados Unidos e continuou a boneca favorita das meninas. A outra mania eram as bolas sintéticas que, lançadas na Copa de 86, continuaram a fazer sucesso, cada dia mais modernas, com inspiração espacial na Copa de 94 ou com as cores da bandeira do país anfitrião, como na Copa de 98, na França.

SÉTIMA PARADA: NOVO SÉCULO

COPA DO MUNDO – 2002

Onde?	Coréia e Japão
Quantos participaram?	32
Quem foi pra final?	Brasil X Alemanha
Quem foi campeão?	Brasil
O craque da Copa	Oliver Kahn, da Alemanha
A colocação do Brasil	1° lugar

COPA DO MUNDO – 2006

Onde?	Alemanha
Quantos participaram?	32
Quem foi pra final?	Itália X Alemanha
Quem foi campeão?	Itália
O craque da Copa	Zidane, da França
A colocação do Brasil	5o lugar

RAIO X DA MALA

Já que a moda está dominada pelos grandes grupos empresariais que impõem os padrões estéticos das roupas, a graça é abusar do conceito de customização, interferindo na sua roupa, diferenciando das demais.

As saias da década de 50, o salto plataforma de 70 e mistura de cores é influência dos anos 80. O *look* contemporâneo é a releitura de tudo o que já passou pelas malas. Prova de que a moda não tem regras, portanto, nada mais é proibido, desde que se adapte ao seu estilo.

As meninas continuam desejando a Barbie, que agora pode ser o que quiser, médica, roqueira, salva-vidas e, principalmente, jogadora de futebol. Tudo com muito estilo e glamour, claro. Outro objeto de desejo das crianças são as bolas oficiais da copa. Em 2002, com *design* inovador, e mais colorida, e na Copa de 2006, com detalhes em preto e dourado, batizada de "Teamgeist", que significa "espírito de equipe" em alemão.

Capítulo 8

O que se faz nos quatro anos enquanto não chega a próxima Copa do Mundo?

Entre uma Copa e outra nossos príncipes não descansam, entram em campo para a disputa dos mais diversos campeonatos em todos os cantos do mundo. No Brasil, a temporada, como é chamado o período dos campeonatos, dura quase o ano todo, tem jogos toda quarta e domingo, toda terça, toda quinta, todo sábado...

A primeira impressão é que esta história de rebaixamento, rodada, Série A, Série B, amistosos tem uma lógica própria, ou melhor, nenhuma lógica, e você pode concluir que é absolutamente incompreensível. Mas não é bem assim.

Primeiro, saiba quais são os principais campeonatos; depois, como cada um funciona e terá decifrado uma espécie de Código Da Vinci.

Pretinho Básico

Vamos começar desvendando o mistério dos campeonatos disputados pela Seleção Brasileira.

Copa América

A cada dois anos existe uma minicopa organizada por continente, e a Copa América é uma delas. Se dependesse apenas da geografia, a Seleção Brasileira disputaria a Copa América do Sul e estaria tudo resolvido, mas a conhecida mania dos garotos de usar a criatividade quando o assunto é futebol embaralha um pouco. Além dos países da América do Sul, sempre temos alguns convidados, ou penetras, como México, Costa Rica ou Estados Unidos.

O sistema de disputa é semelhante ao da Copa do Mundo (dá uma olhada no capítulo 7), com uma primeira fase de grupos que classificam as seleções para as partidas eliminatórias (mata-mata).

O Brasil já venceu a Copa América sete vezes, inclusive as duas últimas realizadas em 2005 e 2007. Detalhe não muito feliz: o país que tem mais títulos nesta competição é a Argentina.

Eliminatórias para a Copa do Mundo

É o vestibular para participar da Copa do Mundo, e como todo vestibular que se preza, tem um monte de candidatos para poucas vagas, ou seja, uma verdadeira guerra.

Esta guerra é organizada por continente, e neste caso a geografia é respeitada. Na América do Sul, as seleções jogam todas contra todas, com turno e returno no sistema de pontos corridos. Complicou! Vamos por partes:

Turno e returno: significa que cada seleção joga duas vezes com o mesmo adversário, sendo uma partida em casa e a outra na casa do adversário.

Casa para um time de futebol é o seu estádio.

Pontos corridos: são na verdade os pontos acumulados pelos times em função dos resultados obtidos nos jogos: Vitória vale três pontos, empate vale um ponto e derrota vale milhões de críticas da imprensa esportiva, dos torcedores e algumas vezes vale até a "cabeça de um técnico".

Ao final desta longa jornada, que dura cerca de dois anos, as quatro seleções que acumularem o maior número de pontos carimbam o passaporte para a próxima Copa. A quinta colocada vai para recuperação, e tem mais uma chance, disputando em dois jogos com a seleção campeã da Oceania quem irá participar da Copa do Mundo.

Copa das Confederações

Era disputada de dois em dois anos, mas desde a edição de 2005 passou a ser realizada de quatro em quatro anos, no ano anterior à Copa do Mundo de Futebol. Participam as seleções campeãs das Copas continentais, o campeão da Copa do Mundo e o dono da casa. O sistema de disputa também é semelhante ao da Copa do Mundo e ao da Copa América.

O Brasil já venceu esta competição duas vezes, em 1997 e 2005.

Esporte Fino

Se você achou a validade do "felizes para sempre" das Seleções na Copa do Mundo muito pequena, saiba que quatro anos no calendário dos clubes de futebol são quase como fazer bodas de ouro. Na maioria dos campeonatos interclubes a felicidade dura apenas um ano.

Antes de falarmos dos campeonatos é bom esclarecer que os clubes estão divididos em castas, chamadas de séries (A, B e C) ou divisões (primeira, segunda e terceira). Atualmente, é o desempenho dentro de campo que determina a casta que o time freqüenta, mas já houve um tempo em que, em função do comportamento detestável dos cartolas (dirigentes dos clubes), as coisas não eram bem assim, mas esta é uma história para ser esquecida, vamos tratar apenas da parte esportiva dos campeonatos.

Campeonatos Nacionais Anuais

	CAMPEONATO BRASILEIRO SÉRIE A **Só pra quem está podendo**	**COPA DO BRASIL** **Todos são iguais perante a bola**
O QUE É?	A principal competição interclube, organizada pela CBF (Confederação Brasileira de Futebol).	É o segundo campeonato interclubes mais importante do país.
QUEM JOGA?	Apenas os 20 clubes brasileiros da série A.	Sessenta e quatro clubes das Séries A, B e C: os 10 primeiros do *ranking* da CBF, excluindo os que disputam a Taça Libertadores da América, mais 54 definidos pelos campeonatos estaduais.
COMO É?	Jogam todos contra todos, com turno e returno, ou seja, um jogo em casa, outro na casa do adversário. A vitória vale três pontos e o empate um. Será campeã a equipe que acumular o maior número de pontos no final das 38 rodadas, ou seja, se você não curte futebol esteja preparada para rodar 38 vezes por ano, só com o campeonato brasileiro da série A.	A competição é dividida em seis fases disputadas pelo sistema de eliminatórias simples em partidas de ida e volta (mata-mata). O clube que somar o maior número de pontos nos dois confrontos de cada fase estará classificado para a fase seguinte. os confrontos são definidos por sorteio, e na primeira fase são 32 confrontos.
BÔNUS EXTRA	Os quatro primeiros classificados se habilitam para disputar a Taça Libertadores da América e do quinto ao décimo primeiro disputam a Copa Sul-Americana.	Na primeira e na segunda fases, o clube visitante que vencer a primeira partida por dois ou mais gols de diferença estará automaticamente classificado para a fase seguinte e não precisará disputar a partida de volta. O campeão ganha o direito de participar da Taça Libertadores da América.
CONSEQÜÊNCIAS	Os quatro piores colocados caem para a Série B, que em bom futebolês significa que serão rebaixados para a segundona, dando lugar aos quatro melhores desta série, que sobem para a Série A.	Quando houver igualdade em pontos ganhos ao final das duas partidas de uma fase, o desempate será no saldo de gols, com o detalhe que o gol fora de casa vale mais que o gol em casa. Só na cabeça dos garotos é melhor fazer gol fora de casa...
BEM NA FITA	Últimos campeões: Cruzeiro (2003), Santos (2004), Corinthians (2005) e São Paulo (2006).	Últimos campeões da Copa do Brasil: Cruzeiro (2003), Santo André (2004) e Paulista (2005), Flamengo (2006) e Fluminense (2007).

Os dois principais campeonatos de clubes de futebol no Brasil são o Campeonato Brasileiro e a Copa do Brasil, que funcionam também como uma espécie de escada para os times alcançarem o direito de participar dos campeonatos internacionais (Taça Libertadores da América e Copa Sul-Americana). Veja nas tabelinhas como funcionam estes campeonatos.

Além do glamouroso Campeonato Brasileiro da Série A, a CBF organiza também os campeonatos da Série B (Segundona) e da Série C (Terceirona). São uma espécie de primos pobres do campeonato da Série A. No campeonato da Série B, os quatro melhores times recebem uma promoção para no ano seguinte disputarem o campeonato da Série A, enquanto os quatro piores times caem para a Série C.

Na Série C sobem os quatro melhores para a Série B, se é que na série C existem melhores, e os piores continuam onde estão, pois não existe nada pior que a Série C.

Campeonatos Sul-Americanos

	TAÇA LIBERTADORES DA AMÉRICA **O caminho para o topo do mundo**	**COPA SUL-AMERICANA** **Prêmio de consolação**
O QUE É?	É a mais importante competição entre clubes da América promovida pela Confederação Sul-Americana de Futebol.	Disputada no segundo semestre, é a segunda competição mais importante entre clubes no continente sul-americano.
QUEM JOGA?	São ao todo 38 equipes de 11 países: Argentina, Brasil, Bolívia, Chile, Colômbia, Equador, Paraguai, Peru, Venezuela, Uruguai e México.	Participam clubes do Brasil, Argentina, Venezuela, Bolívia, Peru, Colômbia, Equador, Uruguai e Chile. Para complicar, são convidadas também, equipes dos EUA e do México, totalizando 34 participantes.
COMO É?	As equipes classificadas jogam dentro de seus grupos, em turno e returno. Os dois primeiros de cada grupo se classificam. Nesta fase, os critérios de desempate são os seguintes: saldo de gols e maior número de gols a favor, maior número de gols fora de casa e sorteio. A partir das oitavas-de-final a competição é disputada no sistema de mata-mata, com partidas de ida e volta.	A primeira fase é composta pelos 34 clubes, divididos em seis grupos. Os times se enfrentam em partidas de ida e volta. Destes confrontos, saem os 16 melhores que irão se encontrar nas oitavas-de-final. Em seguida, oito clubes passam para as quartas-de-final, destes, quatro vão até a semi-final e enfim dois disputam a final.
BÔNUS EXTRA	O campeão carimba o passaporte para disputar o Mundial Interclubes no Japão.	Costuma-se chamar de "torneio caçaníquel", pois o lado financeiro aqui fala mais alto do que o título em si. Como você vê, clubes de futebol também podem ser interesseiros...
CONSEQÜÊNCIAS	Se não resolver o jogo nos 90 minutos valem o saldo de gols e o maior número de gols fora de casa. Apenas na final haverá uma prorrogação antes da disputa de pênaltis em caso de empate.	O critério de desempate é o saldo de gols. Caso persista o empate, a decisão será por cobranças de pênaltis.
BEM NA FITA	Últimos campeões: o Once Caldas, da Colômbia (2004), São Paulo (2005) e Internacional (2006), do Brasil, Boca Juniors, da Argentina (2007).	Últimos campeões: Cienciano, do Peru (2003), Boca Juniors, da Argentina (2004 e 2005), Pachuca, do México (2006).

Passeio Completo

Em todo o Planeta Terra as coisas acontecem mais ou menos como no Brasil. As seleções nacionais participam da copa do seu continente (a mais famosa é a Eurocopa), das eliminatórias para a Copa do Mundo e quem merecer (campeã da copa do seu continente ou campeã do mundo) disputa também a Copa das Confederações.

Os clubes, assim como as seleções, disputam em seus países, com as devidas adaptações e no caso da Europa com milhões de euros a mais, os mesmos campeonatos realizados no Brasil. Os campeonatos mais badalados são o italiano, o espanhol, o inglês, o argentino e o alemão.

A maioria dos jogadores da Seleção Brasileira atua nos times da Europa, e, mesmo que você não tenha dado muita atenção ao futebol nos últimos anos, já ouviu falar de times como o Real Madrid por onde já passaram Ronaldo e Roberto Carlos, o Barcelona de Ronaldinho Gaúcho e o Milan de Kaká, e acredite, vale a pena conhecer o que está acontecendo fora das nossas fronteiras.

Agora, aperte o cinto que a nossa viagem continua pelos principais centros de futebol do mundo:

	ESPANHA	ITÁLIA	INGLATERRA	ALEMANHA	FRANÇA
ONDE ROLA A BOLA?	**Campeonato Espanhol** **Copa do Rei**	**Campeonato Italiano** **Copa da Itália**	**Campeonato Inglês** **Copa da Inglaterra**	**Campeonato Alemão** **Copa da Alemanha**	**Campeonato Francês** **Copa da França**
AS CAMISAS PODEROSAS	Real Madrid CF FC Barcelona Servilla FC Valencia FC	AC Milan Internazionale de Milão Juventus AS Roma	Chelsea FC Liverpool FC Arsenal Manchester United	FC Bayern Munchen Schalke 04 Stuttgart Bayer Leverkusen	Olympique Lion Paris Saint-German Monaco FC Olympique de Marseille
ONDE ESTÃO NOSSAS ESTRELAS?	Ronaldinho Gaúcho Daniel Alves Cicinho Robinho Rafael Sobis Edmilson	Adriano Cafu Kaká Dida Ronaldo Fenômeno Juan Alexandre Pato	Gilberto Silva Anderson Lucas Elano Alex	Zé Roberto Lúcio Josué Diego Gilberto	Juninho Pernambucano Fred Cris Fernando
ONDE OS MELHORES SE ENCONTRAM?	Os melhores times de cada país se encontram no mais badalado campeonato intertimes da Europa: Liga dos Campeõs				

* Atualizada até 18/08/2007.

Mundial Interclubes

Ser campeão do mundo é uma grande honraria que até algum tempo atrás apenas os príncipes escolhidos para as seleções nacionais podiam ter.

A partir de 1960, os príncipes dos clubes campeões de seus continentes também passaram a ter essa chance quando aconteceu o primeiro duelo para definir o melhor clube do planeta (não confunda time, clube e seleção!), apesar de, na época, ser apenas um confronto América do Sul X Europa.

Desde então, aconteceram 45 duelos, mas apenas em 2005 a Fifa adotou a idéia e incluiu a participação dos campeões de todos os continentes.

Os clubes brasileiros que podem "tirar onda" com o título de campeão mundial são: São Paulo (três vezes), Internacional, Grêmio, Flamengo, Cruzeiro, Santos (duas vezes) e Corinthians.

Capítulo 9

Como é mesmo que se fala, ou futebolês

Como na culinária, na moda ou na economia o futebol tem seu dialeto próprio e, justiça seja feita, algumas expressões já invadiram nosso cotidiano, ou você nunca disse que iria dar "cartão vermelho" para o seu namorado ou mesmo que seu pedido de aumento "deu zebra"? E depois de um fora homérico quem não tem vontade de tirar o time de campo? E o que falar daquele carinha que "pisou na bola"? Se pensarmos bem, usamos mais as expressões do futebol no dia-a-dia do que da própria culinária, por exemplo, a não ser quando estamos "cozinhando alguém em banho-maria".

Pretinho Básico

Comece entendendo o que significam dentro de campo algumas das expressões que utilizamos a toda hora fora de campo.

FORA: Tome cuidado, Robertinho, você está na marca do pênalti!
DENTRO: Marcação do campo onde é colocada a bola para a cobrança do pênalti.

FORA: Você vai ficar para escanteio se não adiantar o projeto!
DENTRO: Jogar a bola para fora de campo pela linha de fundo.

FORA: Você pisou na bola dessa vez, Robertinho, e precisa se desculpar!
DENTRO: Perder o controle ou fazer uma péssima jogada.

FORA: Dessa vez você marcou um gol, Robertinho!!!
DENTRO: Precisa explicar?

FORA: O Robertinho já é freguês desse restaurante!
DENTRO: Quando uma equipe perde seguidas vezes de outra.

FORA: Ah, o Robertinho vai levar um belo de um chute na bunda!
Chutei a resposta da questão 5 e acertei!
DENTRO: Lançar a bola com os pés.

FORA: Eu vou entrar de sola no assunto com você!
DENTRO: Jogada violenta, com a sola da chuteira.

FORA: O Robertinho vai me deixar no banco depois que for promovido!
DENTRO: Jogador que fica na reserva, podendo ou não entrar no jogo.

FORA: Ai, ai, esse Robertinho... Só chuta na trave e não acerta uma!
DENTRO: Uhhhhh!

FORA: Um a zero para mim!!
DENTRO: Possível resultado de um jogo.

FORA: O Robertinho vai pendurar as chuteiras no ano que vem!
DENTRO: Vai se aposentar.

FORA: Eu estou tirando o time de campo, não dá mais!
DENTRO: Abandonar o gramado.

FORA: Tá na área e se derrubar é pênalti!
DENTRO: Falta dentro da grande área é pênalti; dá uma olhada na regra 14 no capítulo 3.

FORA: Já está tudo arranjado para a noite, agora é só correr para o abraço!
DENTRO: É a comemoração básica após os gols.

FORA: Menina, ontem à noite descobri que o Robertinho bate um bolão!
DENTRO: Quem joga bem.

FORA: Achei que não ia dar certo, mas conseguimos aos 45 minutos do segundo tempo!
DENTRO: Último minuto do segundo tempo de uma partida.

FORA: Vou deixar o Robertinho fora da jogada; ele sempre atrapalha!
DENTRO: Excluir alguém de uma jogada.

FORA: O Robertinho vestiu a camisa da empresa depois que foi promovido!
DENTRO: Jogador que acredita e defende o time com vontade ("dar o melhor de si", na linguagem dos boleiros).

Esporte Fino

Quando o futebol chegou ao Brasil vindo da Inglaterra não existiam traduções para os termos britânicos e muitas palavras foram "abrasileiradas". Hoje, com certeza, seriam eles que teriam dificuldade para acompanhar o repertório de expressões criado pelos brasileiros para cada situação ou jogada. Muitas, inclusive, dizendo a mesmíssima coisa.

Um bom exemplo é o gol. Você acha que todo gol é simplesmente gol? Então está menosprezando a criatividade dos iniciados no futebol. Veja um exemplo de quantos nomes um gol pode receber a depender da forma, do momento ou por quem a bola foi colocada para dentro da rede:

GOL DE HONRA: filho único, de mãe solteira. Único gol de um time que sofre uma goleada.

GOL DE LETRA: o que é marcado por um chute de letra. Chute de letra, pra quem não sabe, é quando o jogador passa uma perna por trás da outra e chuta com esta. Malabarismo, hein?

GOL DE MORRINHO: quando a bola bate numa saliência do campo, engana o goleiro e entra na rede. Existe até o "morrinho artilheiro".

GOL DE PLACA: é chamado quando o gol é uma obra-prima, tão extraordinário que merece ser consagrado numa placa. A expressão foi criada em homenagem a um gol feito por Pelé. A placa está no Maracanã até hoje.

GOL OLÍMPICO: o que é marcado num chute direto numa cobrança de escanteio.

GOLAÇO: Gol bonito.

Agora uma seção só de objetos que emprestam seu nome a jogadas ou situações de jogo.

BANDEJA: "dar de bandeja", passar a bola facilitando para outro jogador adversário, ou não.

BANHEIRA: quando o jogador está impedido, dizem que ele "está na banheira". A origem deve ser aquela velha história de o telefone tocar quando estamos no banho, logo impedidas de atender...

BICICLETA: quando o jogador chuta a bola, dando uma espécie de cambalhota de costas. Pode acreditar, eles fazem isso!

CANETA: passar a bola entre as pernas do adversário.

CARRINHO: quando o jogador atira-se sentado (quase deitado) na grama e vem deslizando com os pés levantados para alcançar a bola, mas na maioria das vezes atinge as canelas do adversário.

CERA: "fazer cera" é usar de algum artifício para passar tempo, segurando o jogo. Os times fazem isso principalmente quando estão ganhando e falta pouco tempo para acabar o jogo.

CHALEIRA: chutar a bola com a lateral externa do pé.

CHAPÉU: como o nome indica, "cobre" o jogador com a bola, ou seja, quando o jogador dá um chutinho na bola e a faz passar por sobre o adversário e continua jogando.

CHUVEIRO: ou melhor, "ir pro chuveiro", é ser expulso de campo; já, no diminutivo, chuveirinho é jogar a bola pelo alto pra dentro da área do time adversário.

CONCHA: chutar a bola com a lateral interna do pé.

EMBAIXADA: equilibrar a bola chutando repetidamente para cima. Lembra de Milene, a rainha das embaixadinhas que casou com Ronaldo Fenômeno? Ela conseguiu fazer 55.197 embaixadinhas sem deixar a bola cair. Vai arriscar?

FOLHA-SECA: chute com a bola parada onde a bola sobe, sobe e sem maiores explicações desce rapidamente, inventado por Didi (dá uma olhada no cap. 5).

FRANGO: quando o goleiro deixa entrar uma bola fácil de defender, que todo mundo achava que ele ia pegar.

SALTO ALTO: "jogar de salto alto", quando o time julga ser tão superior ao adversário que joga com displicência e em geral perde o jogo. Isto só pode acontecer com garotos, porque as mulheres aprendem desde cedo os "perigos" do salto alto.

Passeio Completo

Achou muito? Pois saiba que se não estiver atenta durante uma partida de futebol na tv vai imaginar que alguém mudou o canal para algum programa de corte e costura, não acredita? Então veja o que você entende das frases abaixo:

Frase 1:
"Depois de muita marcação, usou uma tesoura para cortar e evitar o balãozinho."

Frase 2:
"Olha lá, Lenny saiu costurando e arrematou a bela trama."

Agora releia o parágrafo com a "tradução" das frases 1 e 2:

Frase 1:
"Depois de tentar tomar a bola insistentemente, prendeu as pernas do jogador adversário com as suas próprias pernas, como se fosse uma tesoura, para evitar que o adversário jogasse a bola por cima dele."

Frase 2:
"Olha lá, Lenny saiu executando uma série de passos curtos e rápidos por entre os jogadores adversários e chutou ao gol concluindo uma série de jogadas bonitas."

Ah, bom!!!!!

Capítulo 10

Pra não dizer que não falei de flores, ou o futebol feminino

O *script* original era para as garotas se limitarem a pegar as cervejas e os canapés, lavar os uniformes e limpar as chuteiras...

Mas elas chutaram o balde, o preconceito, as dificuldades e, finalmente, chutaram a bola. E como chutaram!

Maracanã lotado, 60 mil torcedores em estado de graça pedindo a Dunga, técnico da Seleção Brasileira masculina, a convocação da dona da camisa 10.

Você não leu errado, é isso mesmo! A DONA da camisa 10. Ela se chama Marta, a melhor jogadora do mundo, eleita pela Fifa em 2006. O dia deste acontecimento inusitado pode ser considerado um dia de glória do futebol feminino do Brasil, no Brasil e, claro, de Marta, a menina que já apanhou dos garotos na infância porque não suportavam seus dribles nos campinhos de rua de Alagoas.

A verdade porém é que no Brasil a realidade do futebol feminino está mais próxima da infância de Marta do que do seu sucesso atual, mas nem por isso nossas heroínas da bola deixaram de construir uma história com todos os ingredientes e emoções de uma grande partida de futebol.

Pretinho Básico

Um pouco de história

As inglesas foram as precursoras do futebol, mas, assim como seus conterrâneos, elas "inventaram" o jogo, e nossas garotas, a arte de jogar futebol; elas deram apenas o chute inicial.

O primeiro jogo de futebol feminino foi disputado em 1895, na Inglaterra. Entre o final da década de 10 e o início dos anos 20, o futebol feminino teve um "pequeno *boom*" na Europa, mas com o fim da guerra e a volta dos homens (sempre eles), as moças tiveram que voltar para a arquibancada.

Depois de muito tempo, lá pelos anos 70 e 80, o futebol feminino voltou a crescer em número de praticantes e popularidade na Europa com o surgimento das primeiras ligas, e principalmente nos Estados Unidos e na China.

No Brasil, o futebol feminino precisou vencer vários adversários antes mesmo de entrar em campo, sendo que o principal deles sempre foi o preconceito. Hoje, parece inacreditável, mas não faltavam teorias, apoiadas por profissionais da área de saúde e entidades, que defendiam a incompatibilidade da mulher com a prática do futebol. Em 1941, as mulheres foram proibidas de entrar em campo; um decreto do governo Vargas proibia as mulheres de praticarem esportes "incompatíveis com as condições de sua natureza"; entre estes esportes, claro, o futebol!

Na época do "decreto desmancha prazer" existiam cerca de 10 equipes de futebol feminino no Rio de Janeiro, entre eles o Eva Futebol Clube, o EC Brasileiro, o Cassino Realengo, o Benfica FC e o Primavera FC. Todos eles tiveram um final melancólico, comemorado até por setores da imprensa, em nome da família brasileira.

Somente no início da década de 80 o futebol feminino recebeu alforria. Com a revogação da proibição, surgiram diversas equipes femininas como as do Saad EC, o Vasco da Gama, o Bangu, o São Paulo e principalmente o Radar, que colecionou títulos nacionais e internacionais. Foram criados campeonatos estaduais e nacionais com alguns jogos transmitidos pela Rede Bandeirantes.

A primeira competição nacional, a Taça Brasil, aconteceu em 1983 e se repetiu até 1989. Digo se repetiu porque o Radar venceu todas as edições, com exceção do ano de 1988. Algum palpite de quem venceu? A resposta é: nenhum time, neste ano não houve a competição. No início dos anos 90, muitos clubes deixaram de apoiar o futebol feminino e várias equipes simplesmente acabaram, como o Radar.

Após um intervalo de quatro anos, em 1994, voltou a acontecer uma competição nacional, o Campeonato Brasileiro, que foi disputado de 1994 a 2001 e o Vasco foi o grande vencedor ganhando os títulos de 94, 95 e 98. Desde então, o futebol feminino não tem um calendário organizado, ou melhor, não tem calendário porque, cá entre nós, organização não é o forte do nosso futebol, seja ele masculino ou feminino.

Com a criação da Copa do Mundo de Futebol Feminino, em 1991, a CBF despertou para a Seleção Brasileira de Futebol Feminino e as nossas craques tiveram um pequeno consolo, mas campeonato de clubes virou raridade e jogar futebol feminino no Brasil parece mais maratona de obstáculos.

Esporte Fino

A Seleção Brasileira e nossas meninas

A disputa da medalha de ouro nos Jogos Pan-Americanos de 2007, no Rio de Janeiro, mais uma vez reacendeu o amor pela Seleção Feminina de Futebol. O namoro é antigo e, como quase todos os namoros longos, cheio de altos e baixos. É sempre assim, cada grande conquista das meninas desencadeia uma avalanche de elogios e promessas. Passado o calor do momento, os elogios ficam cada vez mais raros e as promessas esquecidas (qualquer semelhança não é mera coincidência).

Além da superioridade apresentada nos Campeonatos Sul-Americanos (campeã em 1991, 1995, 1998 e 2003), as meninas têm feito bonito nos gramados de todo o mundo. Nas Olimpíadas de Atenas, em 2004, no jogo final contra a Seleção Americana, a papa-títulos do futebol feminino, nossa Seleção jogou melhor e teve mais oportunidades de gol, com direito a duas bolas na trave. No final, as americanas deram mais sorte e contaram com a ajuda de um pênalti não marcado a favor do Brasil.

Muitas garotas boas de bola já vestiram a amarelinha, verdadeiras craques dentro de campo e "Anitas Garibaldi" fora de campo para conseguir praticar o esporte. Conheça um pouco mais deste exército de Anitas:

Marta
(Marta Vieira da Silva)
*19/02/1986

Quando alguém joga muito é comum dizer que é "um Pelé". Pois bem, já podemos mudar o disco e dizer que é "uma Marta". E pode ter certeza que muito garoto vai adorar o elogio.

Marta começou cedo a mostrar seu talento nos campinhos de terra de Dois Riachos, no estado de Alagoas; jogou pouco tempo no CSA, time da sua cidade, e foi para o Vasco. Na Copa do Mundo de 2003 já vestia a amarelinha, com apenas 17 anos. Mais uma coincidência, Pelé também jogou sua primeira Copa aos 17 anos.

Nos últimos três anos, Marta ficou entre as três melhores jogadoras do mundo na eleição da Fifa, sendo eleita a melhor do mundo em 2006.

No Pan-Americano de 2007, Marta fez todo o Maracanã delirar com suas atuações e por merecimento passou a fazer parte da calçada da fama do futebol no estádio, ao lado de Pelé, Didi e Zico.

Posição: Atacante
Clubes: CSA (Alagoas), Vasco (RJ), UMEA IK (Suécia)
Seleção Brasileira: Ouro nos Jogos Pan-Americanos de Santo Domingo (2003) e do Rio de Janeiro (2007); prata nas Olimpíadas de Atenas (2004); quinto lugar na Copa do Mundo (2003); vice-campeã na Copa do Mundo (2007)

Formiga
(Miraildes Maciel Mota)
*03/03/1978

Apesar do apelido "Formiga", o estilo está mais para leoa, a rainha da selva, pois ela orienta, apóia e lidera o time, e foi com estas qualidades que ela foi fundamental na conquista da medalha de prata nas Olimpíadas de Atenas em 2004. Não é à toa que seu ídolo no futebol é Dunga, o capitão da Seleção Brasileira nas Copas de 94 e 98.

Como a maioria das atletas do futebol feminino, peregrinou por vários clubes para conseguir se manter no futebol. O início foi no Campomar na Bahia, mas ela jogou até no exterior, o refúgio das nossas craques.

Posição: Meia
Clubes: Campomar (BA), Saad (SP), São Paulo (SP), Portuguesa de Desportos (SP), Independente (PA), Santa Izabel (MG), Santa Cruz (MG), Mälmo FF Dam (Suécia)
Seleção Brasileira: Ouro nos Jogos Pan-Americanos de Santo Domingo (2003) e do Rio de Janeiro (2007); prata nas Olimpíadas de Atenas (2004); quarto lugar nas Olimpíadas de Sydney (2000) e Atlanta (1996); terceiro lugar na Copa do Mundo (1999); vice-campeã na Copa do Mundo (2007)

Pretinha
(Delma Gonçalves)
*19/05/1975

Auge da carreira, 27 gols em 21 jogos, atuando no exterior em um campeonato de ponta, sofre uma lesão no joelho e precisa ficar longe do futebol. Dá a volta por cima e brilha nos gramados.

Você conhece essa história? Não, não estamos falando de Ronaldo, estamos falando de Pretinha, um símbolo de uma geração de atletas que lutaram muito pelo futebol feminino. Atua na Seleção Brasileira desde 1991 e assim como Formiga foi fundamental na conquista da medalha de prata nas Olimpíadas de Atenas, na Grécia.

Posição: Atacante
Clubes: Radar (RJ), Vasco (RJ), Washington Freedom (EUA), San Jose Cyber Rays (EUA), Inac Leonessa (Japão)
Seleção Brasileira: Ouro nos Jogos Pan-Americanos do Rio de Janeiro (2007); prata nas Olimpíadas de Atenas (2004); terceiro lugar na Copa do Mundo (1999); Campeã Sul-Americana (1995, 1998 e 2003); quarto lugar nas Olimpíadas de Sydney (2000) e Atlanta (1996); vice-campeã na Copa do Mundo (2007)

Kátia Cilene
(Kátia Cilene Teixeira da Silva)
*02/08/1977

Kátia Cilene começou a carreira de atleta na prova dos 100 metros com barreiras; foi bicampeã sul-americana juvenil e medalha de ouro nos Jogos Pan-Americanos Juvenis de 1993, nesta categoria. Talvez a facilidade com que superava as barreiras tenha motivado sua mudança para o futebol feminino, onde barreira é o que não falta! Ela diz, no entanto, que a verdadeira motivação foi a possibilidade de participar das Olimpíadas de Atlanta.

Muito veloz, com excelente impulsão, Kátia Cilene foi uma atacante que sempre procurou o gol; tinha apenas 14 anos quando foi convocada pela primeira vez para a Seleção Brasileira de futebol. Jogou na liga americana e na Europa.

Posição: Atacante
Clubes: Vasco (RJ), SAAD (SP), São Paulo (SP), San Jose Cyber Rays (EUA), Estudiantes de Huelva (Espanha), Levante (Espanha), Lyon (França)
Seleção Brasileira: ouro nos Jogos Pan-Americanos do Rio de Janeiro (2007); Campeã Sul-Americana (1998); vice-campeã na Copa do Mundo (2007)

Roseli
(Roseli de Belo)
***07/09/1969**

Aos 38 anos, continua em plena atividade, cada dia com mais fome de gol, habilidade de sobra e rapidez dentro da pequena área. Já sei que você reconheceu a história e achou que era sobre Romário, mas este texto é sobre Roseli! Uma atacante brilhante que participou de todas as edições do futebol feminino nas Olimpíadas e ajudou a construir a história de superação do futebol feminino no Brasil. Vestiu a camisa azul e amarela da equipe mais vitoriosa do futebol feminino carioca na década de 80, o Radar.

Posição: Atacante
Clubes: Radar (RJ), Juventus (SP), Corinthians (SP), São Paulo (SP), Takarazuka Bunny (Japão), Washington Freedom (EUA), SAAD (SP)
Seleção Brasileira: prata nas Olimpíadas de Atenas (2004); terceiro lugar na Copa do Mundo (1999); quarto lugar nas Olimpíadas de Sidney (2000) e Atlanta (1996); Campeã Sul-Americana (1991, 1995 e 1998)

Sissi
(Sisleide Lima do Amor)
*02/06/1967

Em 1999, Sissi foi a artilheira da Copa do Mundo e eleita a segunda melhor jogadora do mundo. Nada mal para quem, aos sete anos, jogava escondida dos pais utilizando as cabeças das bonecas como bola!

A jogadora começou a carreira jogando no pequeno Flamengo de Feira de Santana, na Bahia; chegou à Seleção Brasileira, jogou no exterior e é considerada uma das melhores jogadoras do futebol feminino.

Posição: Atacante
Clubes: Flamengo (BA), Bahia (BA), SAAD (SP), São Paulo (SP), Palmeiras (SP), Vasco (RJ), San Jose Cyber Rays (EUA), Sacramento Storm (EUA)
Seleção Brasileira: quarto lugar nos Jogos Olímpicos de Sydney (2000) e Atlanta (1996) terceiro lugar na Copa do Mundo (1999); Campeã Sul-Americana (1991, 1995 e 1998)

Cristiane Silva
(Cristiane Rozeira de Souza Silva)
*15/05/1985

Cristiane é uma das poucas jogadoras do futebol feminino que tiveram apoio da família. Seu pai reconheceu seu talento e a colocou na mesma escolinha de futebol de seu irmão. O tempo mostrou que ele estava certo, e aos 15 anos Cristiane foi convocada para a Seleção Brasileira.

Nas Olimpíadas de Atenas foi uma das principais jogadoras na conquista da medalha de prata, sendo a artilheira da competição com cinco gols. No Pan do Rio marcou oito gols, atrás apenas de Marta, a artilheira da competição.

Posição: Atacante
Clubes: Juventus (SP), Alameda/São Bernardo (SP), Turbine Potsdam (Alemanha), Wolfsburg (Alemanha)
Seleção Brasileira: ouro nos Jogos Pan-Americanos de Santo Domingo (2003) e do Rio de Janeiro (2007); prata nas Olimpíadas de Atenas (2004); quinto lugar na Copa do Mundo (2003); Campeã Sul-Americana (2003); vice-campeã na Copa do Mundo (2007)

Passeio Completo

Principais Competições de Futebol Feminino

No futebol todos reclamam do calendário: os jogadores, por excesso de jogos e as jogadoras, por excesso de folga. No Brasil, as competições femininas primam pela inconstância e pela falta de estrutura para treinos e jogos. Além disso, a quase inexistência de apoio confere ao futebol feminino um caráter quase amador. Não há um calendário profissional organizado e o que ameniza um pouco são as competições internacionais de seleções.

Conheça as duas principais competições do futebol feminino onde nossas garotas fazem bonito.

Copa do Mundo

A primeira Copa do Mundo de futebol feminino aconteceu em 1991, com 61 anos de atraso em relação à primeira Copa masculina. O Brasil participou de todas as edições.

Para entender como funciona uma Copa do Mundo, dê uma olhada no capítulo 7; é quase tudo igualzinho à versão masculina, com a diferença do número de seleções participantes. No caso da Copa para mulheres, são apenas 16 seleções e com esta redução no número de participantes, após a fase de grupos, vamos direto para as quartas-de-final.

Uma outra diferença, e esta nos incomoda, é que o país que mais venceu a Copa do Mundo feminina foram os Estados Unidos, onde futebol é coisa de mulher!

Se no capítulo 7 fizemos um passeio completíssimo, agora o convite é para um pequeno "citytour", uma vez que até agora só foram realizadas cinco edições:

Copa do Mundo de 1991

Onde? China
Quantos participaram? 12 seleções
Quem foi pra final? Estados Unidos X Noruega
Quem foi campeã? Estados Unidos
Craque da Copa: Michelle Akers (EUA)
Colocação do Brasil: eliminado na 1ª fase

> **E o que mais?**
> Na China o futebol feminino dá de goleada nos garotos chineses!!

Copa do Mundo de 1995

Onde? Suécia
Quantos participaram? 12 seleções
Quem foi pra final? Noruega X Alemanha
Quem foi campeã? Noruega
Craque da Copa: Ann Kristin Aarones (Noruega)
Colocação do Brasil: eliminado na 1ª fase

E o que mais?
Na Suécia, o futebol feminino é coisa séria. O campeonato por lá tem seis divisões, é muito bem disputado e as equipes na primeira e segunda divisões são muito boas.

Copa do Mundo de 1999

Onde? Estados Unidos
Quantos participaram? 16 seleções
Quem foi pra final? Estados Unidos X China
Quem foi campeã? Estados Unidos
Craque da Copa: Mia Hamm (EUA)
Colocação do Brasil: 3º lugar

E o que mais?
A jogadora americana Mia Hamm é a única jogadora (entre homens e mulheres) a marcar mais de 100 gols pela seleção de seu país. Ela foi eleita pela Fifa a melhor jogadora do mundo em 2001 e 2002, e é considerada a melhor jogadora de futebol feminino de todos os tempos.

Copa do Mundo de 2003

Onde? Estados Unidos
Quantos participaram? 16 seleções
Quem foi pra final? Alemanha X Suécia
Quem foi campeã? Alemanha
Craque da Copa: Brigit Prinz (Alemanha)
Colocação do Brasil: eliminado nas quartas-de-final

E o que mais?
A Alemanha é o único país a vencer a Copa do Mundo com as seleções masculina e feminina.

Copa do Mundo de 2007

Onde? China
Quantos participaram? 16 seleções
Quem foi pra final? Alemanha X Brasil
Quem foi campeã? Alemanha
Craque da Copa: Marta (Brasil)
Colocação do Brasil: 2º lugar

E o que mais?
O Brasil abriu os olhos para o futebol feminino. A brasileira Marta é eleita a melhor jogadora da Copa e o Brasil consegue sua melhor colocação em todas as copas.

Jogos Olímpicos

Nos jogos antigos, realizados na Grécia há muitos séculos, as mulheres eram proibidas até de assistirem às disputas! E ainda tinha o detalhe de que as casadas corriam o risco de serem condenadas e jogadas de um penhasco, caso fossem flagradas nos locais de competição. Em 1896, com o início dos jogos olímpicos modernos, as mulheres também iniciaram sua participação e desde então fazem bonito nas corridas, nos saltos, nos arremessos, nas lutas, nas piscinas, nos campos e mais uma infinidade de modalidades. Na última edição das Olimpíadas em Atenas as mulheres, além de assistirem aos jogos, representaram cerca de 45% do total de atletas.

Mas vamos ao que interessa. O futebol feminino passou a fazer parte das Olimpíadas em 1996, em Atlanta, nos Estados Unidos. E adivinha qual seleção é a grande papa-ouro? Ela mesma, a seleção americana.

Para as Olimpíadas em Pequim (2008) classificaram-se 12 equipes, mas esse número já foi menor, e diferente do torneio masculino; não há limite de idade para a participação das jogadoras.

As seleções são divididas em grupos de quatro equipes na primeira fase, classificando-se para as quartas-de-final as duas melhores de cada grupo e as duas melhores terceiras colocadas, totalizando oito seleções. A partir das quartas-de-final começa o sistema mata-mata até a grande final.

Atenção, senhores passageiros, ops, leitores, esta é a chamada final para mais um "tour", dessa vez pelas três edições olímpicas:

Jogos Olímpicos de Atlanta, 1996

Onde? Atlanta, Estados Unidos
Quantos participaram? 8 países
Quem foi pra final? Estados Unidos X China
Quem foi campeã? Estados Unidos
Colocação do Brasil: 4º lugar

Jogos Olímpicos de Sidney, 2000

Onde? Sydney, Austrália
Quantos participaram? 8 países
Quem foi pra final? Estados Unidos X Noruega
Quem foi campeã? Noruega
Colocação do Brasil: 4º lugar

Jogos Olímpicos de Atenas, 2004

Onde? Atenas, Grécia
Quantos participaram? 10 países
Quem foi pra final? Estados Unidos X Brasil
Quem foi campeã? Estados Unidos
Colocação do Brasil: 2º lugar

Mas o que fazem nossas "Anitas Garibaldi" no intervalo destas competições?

Elas peleiam...

E a batalha maior é para conseguir entrar no campo de batalha. Das 21 jogadoras convocadas para a Copa do Mundo de 2007, na China, 13 atuam em times brasileiros: EC Recife (PE), Salto Ceunsp (SP), Unisantana (SP), Ferroviária/Araraquara(SP), Saad EC (SP) e Botucatu FC (SP). Enquanto os garotos vão para o exterior para fazer um "pé-de-meia", as meninas vão fazer "gols" mesmo.

Um outro detalhe que chama atenção é que, das 13 jogadoras que atuam no Brasil, 11 estão em times do Estado de São Paulo. Quando se fala de futebol feminino no Brasil, o Estado de São Paulo é atualmente o melhorzinho mesmo.

Gol de Honra

Os times Saad EC e o Botucatu FC cederam quatro jogadoras, cada um, para a Seleção Brasileira convocada para a Copa do Mundo de 2007.

Capítulo 11

Trocando o salto pela chuteira, ou para saber mais

GUIA DE FUTEBOL PARA MULHERES: R$32,00

REVISTA ESPORTIVA: R$7,90

SABER MAIS DE FUTEBOL QUE O SEU NAMORADO:
NÃO TEM PREÇO!

Pretinho Básico

Prepare-se para descobrir um lado surpreendente dos apaixonados por futebol: quando o assunto é futebol, eles abandonam radicalmente qualquer traço de objetividade. Além de adorar ler e reler os resumos dos jogos que assistiram pela tv, ou no próprio campo, analisam com a máxima atenção todas as declarações dos treinadores, jogadores, comentaristas esportivos, médicos, fisioterapeutas, nutricionistas, psicólogos ou qualquer palpiteiro de plantão.

O resultado desta disponibilidade é fácil de concluir: a imprensa esportiva é pródiga em fazer render qualquer acontecimento relativo ao campeonato que está rolando. É muito divertido perceber que os sites especializados em futebol ganham de goleada das revistas femininas, quando o quesito é especulação em torno de um mesmo tema.

Exageros à parte, o fato é que o futebol produz novidades quase que diariamente e não dá para se manter atualizada sem ler a seção de esporte do seu jornal preferido ou dar uma olhadinha nas revistas especializadas.

Não dispor de um jornal ou de uma revista especializada em futebol não significa alienação, você pode começar com um 0800 básico, ou melhor, com os *sites* sobre futebol. E, acredite, são milhões! Mas pode escolher um ou dois dos indicados a seguir que, com certeza, não fará feio em nenhuma roda de boleiros.

Plantão 24 horas:

http://www.esportes.terra.com.br/
http://www.esporte.uol.com.br/
http://www.placar.abril.com.br/
http://www.lancenet.ig.com.br/index.htm
http://www.cidadedofutebol.uol.com.br/site/
http://www.globoesporte.globo.com

A menina do pedaço:

http://www.vanessariche.globolog.com.br/

Para ler e reler:

http://www.opovo.com.br/opovo/colunas/tostao/
http://blogdojuca.blog.uol.com.br/index.html
http://www.garambone.globolog.com.br
http://www.lancet.com.br/blogs_colunistas/pvc

Diário Oficial

Confederação Brasileira de Futebol (CBF)
http://cbfnews.uol.com.br/

Confederação Asiática de Futebol (AFC)
http://www.the-afc.com/

Confederação Africana de Futebol (CAF)
http://www.cafonline.com/

Confederation of North, Central American and Caribbean Association Football (CONCACAF)
http://www.concacaf.com/

Union of European Football Associations (UEFA)
http://www.uefa.com/

Confederação de Futebol da Oceania (OFC)
http://www.oceaniafootball.com/

Confederación Sudamericana de Fútbol (CONMEBOL)
http://www.conmebol.com/

Federação Internacional de Futebol Association (FIFA)
http://www.fifa.com

Esporte Fino

Que tal dar um giro pela imprensa escrita? Os grandes jornais geralmente dedicam um caderno inteirinho para esportes e claro que o futebol ocupa a maior parte dele. É só resistir à tentação de ler tudo correndo para se concentrar nas receitas *light* da seção de culinária.

Das revistas esportivas, a mais conhecida é a Placar, encontrada em qualquer banca de revista, que, além das edições mensais, publica excelentes edições especiais sobre jogadores, clubes de futebol, tabelas de campeonatos, estatísticas etc. No início corre o risco de precisar de um dicionário de futebolês, mas você pode também ligar para o seu namorado (o que pode ser bem interessante...). Ele vai ficar feliz em esclarecer sua dúvida.

Passeio Completo

Nos últimos anos, o mercado editorial brasileiro tem apostado bastante no futebol, mas as seções de esportes das livrarias ainda estão bem carentes. Comparando com as de auto-ajuda, então, perde de goleada. Com um pouco de persistência e a ajuda da Internet é possível encontrar (e ler) excelentes livros.

Para entender o coração do torcedor:

- *Quando é dia de Futebol*, de Carlos Drummond de Andrade
- *Meu Jogo Inesquecível – 56 Partidas Emocionantes*, de Odersides Almeida, Olacir Dias, Thomaz Rafael e Alexandre Petillo
- *A Ginga e o Jogo*, de Armando Nogueira

Clareando as regras:

- *A Regra é Clara*, de Arnaldo Cezar Coelho
- *Futebol – Regras e Comentários*, de Orlando Duarte

Era uma vez... A história dos príncipes:

- *Zico – 50 Anos de Futebol*, de Roger Garcia
- *Fio de Esperança – Biografia de Telê Santana*, de André Ribeiro
- *Pelé – Os Dez Corações do Rei*, de José Castello
- *Estrela Solitária – Biografia de Garrincha*, de Ruy Castro
- *Ronaldo – A Jornada de um Gênio*, de James Mosley
- *A Magia da Camisa 10*, de André Ribeiro e Vladir Lemos

Para amar e respeitar, até que a morte os separe:

- *Atlético Mineiro: Raça e Amor*, de Ricardo Galuppo
- *Bahia: Bora Bahêeea!: a História do Bahia Contada por quem a Viveu*, de Bob Fernandes
- *Botafogo: Entre o Céu e o Inferno*, de Sergio Augusto
- *Corinthians: é Preto no Branco*, de Washington Olivetto e Nirlando Beirão
- *Cruzeiro: Páginas Heróicas – Onde a Imagem do Cruzeiro Resplandece*, de Jorge Santana
- *Flamengo: o Vermelho e o Negro*, de Ruy Castro
- *Fluminense: Breve e Gloriosa História de uma Máquina de Jogar Futebol*, de Nelson Motta
- *Grêmio: Nada Pode Ser Maior*, de Eduardo Bueno
- *Internacional: Autobiografia de uma Paixão*, de Luís Fernando Veríssimo
- *Palmeiras: um Caso de Amor*, de Mario Prata
- *Santos: Dicionário Santista*, de José Roberto Torero
- *São Paulo: Dentre os Grandes, és o Primeiro*, de Conrado Giacomini

Ria, se for capaz:

- *A História do Futebol no Brasil através do Cartum*, de Jal e Gual
- *Deixa que eu Chuto 2 – A Missão*, de Renato Mauricio Prado
- *Loucuras do Futebol – 288 Histórias Reais... e Absurdas*, de Emedê

Trocando definitivamente o salto pela chuteira:

- *Brasil – Um Século de Futebol, Arte e Magia*, de João Maximo e Leonel Kaz
- *Futebol – O Brasil em Campo*, de Alex Bellos
- *Um Jogo Inteiramente Diferente – Futebol: A Maestria Brasileira de um Legado Britânico*, de Aidan Hamilton

E, por último, não saia de campo sem eles:

- *O Trauma da Bola – A Copa de 82*, por João Saldanha
- *Felipão – A Alma do Penta*, de Ruy Castro Ostermann
- *Meninos Eu Vi...*, de Juca Kfouri
- *Tostão: Lembranças, Opiniões, Reflexões sobre Futebol*, de Tostão
- *À Sombra das Chuteiras Imortais*, de Nelson Rodrigues
- *Os 50 Maiores Jogos das Copas do Mundo*, de Paulo Vinicius Coelho

Este livro foi diagramado por **Rejane Megale Figueiredo,**
utilizando a fonte Frutiger, e impresso pela **Gráfica Ideal**
em papel Offset 120g, no quarto trimestre de 2007.